CATHERINE BLAKE
DADDYS LIEBLING

Catherine Blake

Daddys Liebling

ROMAN

»Der erotische Roman«
Band 49

© 2002
AMM
Amanda Media & Marketing AG, Zug/Schweiz

Vertrieb:
Edition Combes
im Verlag Frank de la Porte
Frankenstraße 17
D-96328 Küps

ISBN 3-932416-64-3

Vorwort

Mein Name ist Catherine Blake. Ich bin Psychiaterin und Sexualtherapeutin und habe meine Praxis in New York. Ich beschäftige mich ausschließlich mit Fällen, in denen die Sexualität der Patienten von der sogenannten Norm abweicht. Ich verstehe darunter nicht unbedingt abnorme Neigungen. Nein, bei meinen Patienten handelt es sich um Fälle, in denen sie das Gefühl haben, daß mit ihrer zwar ungewöhnlichen, aber überaus normalen Sexualität etwas nicht stimmt und sie deshalb in seelische Konflikte geraten sind.

In den meisten Fällen ist es mir bisher gelungen, das seelische Gleichgewicht der Patienten wieder herzustellen. Denn nur darum geht es. Man kann nicht von ‚Heilung' sprechen, wenn nichts Krankhaftes vorliegt. Ich lasse meine Patienten erzählen, was sie beschäftigt, was sie drückt; in manchen Fällen verschwinden dann die seelischen Probleme allein dadurch, daß sie sie ausgesprochen haben.

In meiner langjährigen Praxis habe ich die Erfahrung gemacht, daß man in meinem Beruf nur dann sein Ziel erreichen kann, wenn man sich einem Fall vollständig widmet, und zwar – was am wichtigsten ist – mit absoluter Offenheit. Es darf in diesen Fällen keine Tabus geben, sonst verhindert man selbst den Erfolg. Deshalb verwende ich auch nicht die sterile

Sprache mancher Kollegen, die über Libido, Kopulation, Penis und Vagina sprechen. Der Patient oder die Patientin kommt zu mir, weil etwas mit seinem Schwanz oder mit ihrer Fotze nicht in Ordnung zu sein scheint. Oder weil sie Probleme beim Ficken haben. So nennen sie das, und ich muß sie ermuntern, die Sachen auch beim Namen zu nennen, damit sie aus sich herausgehen, sich mir öffnen können. Nur so kann ich in die Tiefe ihrer Seele blicken und dort die falsch interpretierten Sachen zurechtrücken. Um diese absolute Hingabe und dieses Sich-Öffnen den Patienten zu erleichtern, müssen sie sich völlig nackt ausziehen und sich auf meine Psychiatercouch legen. So kann ich ihren ganzen Körper ständig beobachten und auch die kleinsten Reaktionen oder Regungen registrieren, um mir ein Urteil zu bilden.

Ja, manchmal schlafe ich sogar mit meinen Patienten, ob Männlein oder Weiblein, wenn ich der Meinung bin, daß ihnen das hilft. Und ich bin glücklich, daß ich eine Frau bin. Denn ich liebe die Männer, und deshalb kann ich ihre Probleme auch verstehen. Und ich kenne die Frauen, deshalb kann ich auch ihre Probleme verstehen. Und ich kann sowohl mit Männern als auch mit Frauen schlafen, und mir selbst macht es sogar Spaß.

Hier berichte ich von einem Fall, der viele Männer interessieren könnte, die erwachsene oder pubertierende Töchter haben. Besondere Probleme sind in den meisten Fällen vorprogrammiert, besonders wenn es sich um einen Zweipersonenhaushalt handelt, aus dem die Mutter – oder zumindest eine Mutterfigur – gerissen wurde. Wenn das Verhältnis zwischen Vater und Tochter ausgezeichnet ist und der Vater in seiner Tochter nur das Kind sieht, ebenso wie die Tochter auf ihren Erzeuger als den Vater aufschaut, besteht das Eltern-/Kind-Gleichgewicht. Dieses gerät aber oft ins Wanken, sobald sich die Tochter zur Frau entwickelt. Ähnliches kommt auch in einem Mutter-/Sohn-Verhältnis vor, wie viele Fälle aus meiner Praxis beweisen.

Die Komplikation kann in zwei Richtungen weisen: Entweder beginnt der Vater in seinem Kind die Frau zu sehen, oder aber die Tochter entdeckt, daß ihr Vater auch ein Mann ist. Das heißt, die Entwicklung nimmt ihren Lauf in dem Moment, wenn einer von beiden in dem anderen einen potentiellen Geschlechtspartner zu sehen beginnt.

Doch ich übergebe jetzt das Wort meinem neununddreißigjährigen Patienten. Nennen wir ihn George Morgan. (Die Namen und Ortschaften wurden – um die Beteiligten zu schützen – selbstverständlich geändert.) Der folgende Bericht beruht auf Tonband-Aufzeichnungen, die ich während der Behandlung mit dem Einverständnis des Patienten gefertigt habe.

I

Mrs. Blake, begann Mr. Morgan seine Erzählung, vielleicht beginne ich am besten damit, was für meine Probleme, falls es sich wirklich um Probleme handelt, der Auslöser war.

Mitten in der Nacht wurde ich wach, irgendein Geräusch weckte mich auf. Es dauerte einige Augenblicke, bis ich aus dem ersten Tiefschlaf soweit erwachte, daß ich die Quelle dieses Geräusches ausmachen konnte. Es war das Stöhnen meiner Tochter. Seit dem Tod meiner Frau schlief sie nachts neben mir im Bett, in dem früher ihre Mutter schlief.

Ich wurde unruhig, weil ich vermutete, daß sie sich unwohl fühlt und deshalb stöhnt. Doch ein Blick genügte, um im Licht des Vollmondes, das durch die Gardinen in den Raum einfiel, zu erkennen, daß es kein Leiden war, das ihr Stöhnen verursachte. Sie lag mit geschlossenen Augen auf dem Rücken. Ihre linke Hand griff in den Ausschnitt ihres Nachthemdes und streichelte liebevoll ihren Busen. Ihre rechte Hand war unter der Decke, aber es war auch trotz der ein wenig angezogenen Beine gut zu erkennen, daß sie sich dort befand, wo sich ihre Beine trafen; und ihre Hand bewegte sich hektisch. Ihr Körper zuckte bei jedem Stöhnen. Es war eindeutig: Meine Tochter masturbierte.

Nein, ich empfand es als nichts Schlechtes, daß sie sich befriedigte. Als aufgeklärter Mann weiß ich, daß es in ihrem Alter – sie war gerade sechzehneinhalb Jahre alt – eine absolut natürliche Sache ist. Es ist nicht nur natürlich, sondern auch nützlich, weil sie damit ihren Körper und dessen Reaktionen kennenlernt, was sehr wichtig ist, um ein erfülltes Leben zu haben.

Nein, mein Schock resultierte aus aus der Erkenntnis, daß das Wesen, das vor einer Stunde noch ein Kind, *mein Kind* war, nun plötzlich kein Kind mehr ist, sondern eine Frau. Eine Frau, die im Begriff war, erwachsen zu werden. Sie war aus dem Stadium der Kindheit sozusagen mit einem Sprung in das Stadium des Erwachsenseins gerutscht, was für sie ein Fortschritt, ein notwendiger Erfolg war, doch für mich hatte sich die Welt plötzlich grundlegend geändert: Ich hatte kein Kind mehr. Ja, ich hatte eine Tochter, sie war weiterhin meine Tochter, aber die Illusion, daß das Glück, ein Kind zu haben, ewig dauern könnte, war zerronnen.

Ich habe mich nicht bewegt, um sie nicht zu stören und sie nicht zu erschrecken. Ich beobachtete sie von der Seite. Ich merkte, als sie den Höhepunkt erreichte, was sich durch krampfhafte Zuckungen ihres Körpers und etwas lautere, winselnde Töne erkennen ließ. Und ich sah, wie sie sich dann befriedigt und genüßlich ausstreckte und in sehr kurzer Zeit in tiefen Schlaf versank.

Als vor sechzehneinhalb Jahren meine kleine

Tochter Judy geboren wurde, war ich der glücklichste Mann auf der Welt. Meine Frau, die ich abgöttisch liebte, schenkte mir das schönste kleine Mädchen, das auf dieser Welt existierte. Wir führten eine glückliche Ehe, und ich hätte zwei Herzen haben müssen, damit all die Liebe, die ich meiner kleinen Tochter gegenüber fühlte, ihren Platz findet. Denn dieses kleine Menschlein, das mich mit großen Augen ansah, war nicht nur mein Kind, sondern auch das Kind meiner geliebten Frau.

Ich muß an dieser Stelle erwähnen, daß wir, meine Frau und ich, eine ganz normale Ehe geführt haben, ohne jegliche Neigungen, die man heutzutage als pervers bezeichnet. Gewiß, wir waren zwei gesunde Menschen mit ganz gesunden Trieben, die wir auch auslebten. Ich hatte eine überdurchschnittliche Potenz – und die habe ich bis heute, wenn auch der Trieb nicht mehr ganz so stark ist wie in den jungen Jahren. Das heißt, daß – abgesehen von den stürmischen ersten Monaten unserer Ehe, in denen wir täglich, ja manchmal auch mehrmals am Tag miteinander verkehrten, deutlicher ausgedrückt: miteinander fickten, wenn Sie wollen, daß ich es so ausdrücke, mindestens dreimal die Woche übereinander herfielen. Meine Frau hatte eine wunderbare, heiße, nimmersatte Fotze. Ja, sie nannte sie auch so; wir nahmen, wenn wir zu zweit waren, kein Blatt vor den Mund und kannten keine pharisäischen Mätzchen. Wir nannten die Dinge beim Namen, und davon profitierte auch unser Geschlechtsleben, denn vulgäre Kraftausdrücke können die Lust beim Ficken enorm anheizen.

Während unserer Ehe hatte ich keine andere Frau. Meine Frau hatte mich voll und ganz befriedigt, ebenso fühlte sie sich auch von mir in sexueller Hinsicht völlig zufriedenstellend ‚versorgt'. Wir brauchten auch keine anderen Partner, denn meine Frau hatte eine Fotze, die für mich den Himmel bedeutete, und sie, die vor der Ehe bereits mit zwei Männern Erfahrungen hatte, hielt meinen Schwanz für den besten auf dieser Welt. Sie küßte meine Eichel und lutschte meinen Schwanz leidenschaftlich; nicht nur um mich zu erregen, sondern weil es auch für sie einen enormen Genuß bedeutete. Ebenso gerne bediente ich ihre wunderbar rosarote Fotze mit meinem Mund. Ja, im Sommer habe ich manchmal Kirschen in ihre Scheide geschoben, bis zu acht Stück hintereinander, und als sie diese mit dem Druck ihrer Fotzenmuskeln einzeln herausdrückte, nahm ich sie mit meinem Mund entgegen und aß sie. Eine bessere Delikatesse hätte ich mir damals nicht vorstellen können. Auch meine Frau hat sich vor mir nicht geekelt, und wenn sie ihre Periode hatte, befriedigte sie mich mit dem Mund, wobei ich ihr in den Mund spritzen durfte (ja, sie verlangte sogar danach) und sie mein Sperma schluckte.

Als Kinder der 68er-Generation waren wir sexuell aufgeklärt und frei. Wir haben unsere Sexualität ausgelebt, was unserer Ehe eine feste und stabile Basis gab. Deshalb brauchten wir auch keine anderen Partner. Gewiß, wir lasen ab und zu auch erotische Literatur und schauten uns hin und wieder – nicht allzu oft –

auch einen Pornofilm an, was uns selbstverständlich erregte. Wir empfanden auch keine Scham voreinander, wenn mir ein schöner Arsch auf dem Video eine Erektion bescherte oder ein strammer Pimmel auf dem Bildschirm auch die Fotze meiner Frau feucht werden ließ. Denn wir hatten einander, und so konnten wir die aufgestaute Erregung miteinander genußvoll abreagieren.

Ja, es passierte auch, daß wir miteinander über bekannte Filmschauspieler, aber auch über unsere Bekannten und Freunde gesprochen haben und uns dabei ausmalten, wie es wäre, wenn wir mit der einen oder anderen Person sexuellen Kontakt hätten. Ich phantasierte manchmal davon, daß ich die eine oder andere Freundin meiner Frau vernasche, und sie malte sich aus, wie es wäre, wenn der eine oder andere unserer Bekannten ihr den Schwanz tief in die Fotze stecken würde. Doch wir phantasierten gemeinsam, wir erzählten einander unsere Phantasien, was uns natürlich erhitzte, so daß die Sache manchmal in einer gemeinsamen Masturbation gipfelte; während ich meinen Schwanz wichste, erzählte ich meiner Frau, daß ich jetzt im Geiste Nancy oder Theresa (ihre beiden Freundinnen) ficke, und sie erzählte mir, daß sie in ihrer Vorstellung eben von Mat oder von Bob gefickt wird. Dabei fickte sie sich mit zwei Fingern, und mit der anderen Hand bearbeitete sie ihren Kitzler. Aber es blieb immer bei Phantasien, keine wurde je verwirklicht. Wir waren uns selbst genug.

Wie gesagt, unsere Ehe war harmonisch und auf

Liebe gegründet. So kann ich sagen, daß unsere Tochter Judy ein Kind der Liebe war. Wir haben sie beide unendlich geliebt, und sie machte uns unendlich glücklich.

Ich möchte behaupten, daß ich – zumindest damals – ein guter Vater war. Als Angestellter bei der Stadtverwaltung hatte ich ein gutes Gehalt und konnte meiner Familie einen gutbürgerlichen Luxus sichern. Da ich keine besonderen Hobbys hatte, widmete ich meine ganze Freizeit meiner Frau und meiner kleinen Tochter. Wir machten Ausflüge, manchmal auch mit unseren Bekannten. Bei einem solchen Ausflug geschah etwas, das auch unseren Freunden zeigte, daß ich ein guter Vater bin, und daß ich meine Tochter wirklich liebe.

Wir fuhren zum Cherokee Creek, einem bekannten Ausflugsort. Es war ein Sonntag. Nach dem Picknick lagen wir im sommerlichen Gras, meine Tochter lag auf meiner Brust und schlief, ihre kleinen Hände lagen um meinen Hals. Sie war etwa zwei Jahre alt. Plötzlich spürte ich etwas Warmes auf meinem Bauch. Meine kleine Judy hatte gerade begonnen, im Schlaf zu pinkeln. Und ohne aufzuwachen ließ sie ihre Schleusen so richtig los.

Meine Frau bemerkte, daß sich auf meinem Hemd und auf meiner Hose ein großer feuchter Fleck ausbreitete, und ihr war natürlich sofort klar, daß unsere kleine Tochter gerade ihren Vater vollpinkelte. Sie wollte die Kleine hochheben, doch ich winkte ab. Ich wollte nicht, daß sie geweckt wird, bevor sie ihre Notdurft beendet hatte, was sie hätte verstören können. Die warme Flüssigkeit, mit der sie meinen Körper reichlich berieselte, hat irgendwie mein Herz mit Liebe erfüllt. Näher kann eine Tochter ihrem Vater doch nicht sein. Und der Pipi eines solch kleinen Mädchens ist wohl nichts Ekliges.

Unsere Freunde hatten alles mitbekommen, und ich erntete anerkennende Blicke von den Frauen. »Mein Mann hätte es nicht so geduldet wie du«, sagte Theresa, die Freundin meiner Frau. Meine Ruhe hatte ihnen offensichtlich imponiert.

Natürlich war meine Tochter für mich keine Frau. Gewiß, sie war weiblich, aber ein Kind und vor allem *mein* Kind. Ich weiß, daß die These, daß Kinder geschlechtslose Wesen seien, veraltet und falsch ist. Natürlich war meine Tochter Judy ein Mädchen. Aber für mich galt ihre Weiblichkeit nicht, höchstens in dem Sinne, daß ich sie mehr zu beschützen versuchte, als ich es mit einem Sohn getan hätte. Manchmal, wenn meine Frau keine Zeit hatte, und später, als sie schon unheilbar krank war, habe ich Judy auch gebadet. Mit besonderer Sorgfalt wusch ich ihren kleinen, runden Hintern und ihre kindlichen Schamlippen, ohne daß ich diese als ‚weibliche' Organe betrachtet hätte.

Einmal, ich erinnere mich daran bis heute, sie war etwa acht Jahre alt, als sie bei einem unserer häufigen Ausflüge barfuß in einen Dorn getreten war. Wie eine Sirene begann sie zu heulen, legte sich auf die Erde und reckte mir ihren blutenden Fuß entgegen. Ich entfernte den Dorn und desinfizierte die kleine Wunde mit einem Mittel aus dem Verbandskasten unseres Autos. Dabei lag sie auf dem Boden, reckte mir ihren schmerzenden Fuß entgegen, und weil sie nur ein leichtes Kleidchen anhatte und nichts darunter, schaute mich ihr kleines Fötzchen, dessen Lippen sich leicht öffneten, an. Ich sah ihre kleine Pflaume, doch in mir entstand keine andere Emotion als das Bedauern, daß der Fuß meiner Tochter weh tat. Sie war einfach nur mein Kind und kein weibliches Wesen für mich.

Als meine Frau starb, war Judy bereits fast zwölf Jahre alt. Ich versuchte, ihr nicht nur Vater zu sein, sondern ihr auch die Mutter zu ersetzen. Ich führte in meiner freien Zeit den Haushalt, wusch und kochte für uns beide und badete sie auch weiterhin, womit ich erst dann aufgehört hatte, als kleine Härchen auf ihrer Muschi zu sprießen begannen. Ich hörte aber nur aus dem einzigen Grund auf, sie zu baden, weil ich damit rechnete, daß in dem pubertierenden Kind ein natürliches Schamgefühl entsteht, worauf ich unbedingt Rücksicht nehmen mußte.

II

Ohne Frage war meine Situation als Witwer nicht beneidenswert, besonders was das Sexualleben beziehungsweise das absolute Fehlen eines solchen bedeutete. In den ersten zwei Jahren, nachdem ich meine Frau und meine kleine Judy ihre Mutter verloren hatten, war meine Trauer zu groß, doch dann meldete sich mein gesunder Körper, und ich konnte die ständige Spannung und die ständige Erektion kaum ertragen. Gewiß, es gibt Möglichkeiten, dieses Problem zu beseitigen. Eine wäre eine Heirat oder eine Beziehung zu einer Frau gewesen. Doch ich hatte irgendwie Bedenken, meiner kleinen Tochter eine Stiefmutter ins Haus zu holen, und ich wollte auch meine wenige freie Zeit nicht mit dem Aufbau einer neuen Partnerschaft vergeuden; obwohl ich andererseits eine Partnerin gebraucht hätte, um meiner Tochter und mir die Geborgenheit eines gemütlichen Heimes zu erhalten.

Die andere Möglichkeit wäre die Masturbation gewesen. Ich hätte nur zu meiner Jugendbeschäftigung zurückkehren müssen. Doch auch das war aus einem besonderen Grund nicht einfach:

Die Erektionen bekam ich meistens nachts, wo ich nicht durch meine Arbeit im Büro und im Haushalt abgelenkt war. Es wäre einfach gewesen, meinen Schwanz in die Hand zu nehmen und solange zu wichsen, bis ich abspritzte, um danach gut schlafen zu können. Dies war aber unmöglich, weil meine Tochter Judy neben mir im Bett ihrer verstorbenen Mutter schlief und sie einen sehr leichten Schlaf hatte.

In der ersten Zeit, nachdem ich meine Frau verloren hatte, konnte ich Judy nicht zumuten, in ihrem Zimmer alleine zu schlafen. Ich nahm sie sogar zu mir in mein Bett, wo sie sich an mich schmiegte, an den einzigen Menschen, den sie noch hatte. Oft wachte ich nachts auf, weil sie schluchzte und nach ihrer Mutter fragte. Ich umarmte sie dann und redete beruhigend auf sie ein, daß ihre Mama jetzt im Himmel sei und von dort auf uns schaut, und daß wir uns eines Tages wieder mit ihr treffen werden und dann für immer zusammen bleiben. So redete ich sie in den Schlaf.

Nach ein paar Monaten, Judy schien den Tod der Mutter etwas verarbeitet zu haben, meinte ich, verantworten zu können, daß das Kind, das ja sicherlich auch bald in die Pubertät kommen würde, wieder in ihrem eigenen Bett schläft. Judy hatte ihr eigenes Zimmer, wo sie bis zu jenem traurigen Ereignis auch schlief (dadurch störte sie auch unser Sexualleben nicht), sie sollte fortan wieder dort schlafen. Sie sah das auch ein, und eines Abends legte sie sich in ihr eigenes Bett. Ihrem Wunsch folgend ließ ich auch nachts ein kleines Licht brennen, und nachdem sie ihr Lieblingsplüschtier umarmt und ich sie geküßt hatte und aus ihrem Zimmer ging, dachte ich, sie würde nun gut schlafen können.

Wie der Zufall es wollte, zog in dieser Nacht ein Gewitter auf. Es blitzte und donnerte, und nach einem besonders lauten Knall flog die Tür von Judys Zimmer auf, und sie lief erschrocken und laut schreiend zu mir. Sie kroch unter meine Bettdecke, weinte und sagte, sie wolle nie, nie, nie mehr alleine schlafen! Ich konnte ihre Angst verstehen, und wir einigten uns, daß sie die Nächte wieder neben mir im Bett, in dem früher ihre Mutter schlief, verbringen dürfe.

Wie ich bereits erwähnt habe, sah ich in Judy nie das Weib; sie war für mich einfach ein Kind. Aber ich hätte eine weibliche Person – natürlich eine erwachsene weibliche Person – dringend gebraucht. Denn ich war noch jung, meine Triebe und meine Organe funktionierten einwandfrei, und dadurch war ich immer in sexueller Not. Man kann nicht ständig mit angeschwollenem, steil nach oben ragendem Pimmel herumlaufen. Man kann sich nicht mehr konzentrieren, man hat immer nur das Eine im Kopf. Man wird vor Verlangen nach einer Fotze langsam verrückt. Ja, es stimmt, es laufen so viele Frauen auf der Welt herum, die einem gerne aus dieser Not helfen würden. Meine Bedenken bezüglich einer Stiefmutter für Judy blieben aber bestehen, dafür habe ich sie zu sehr geliebt, und mit der käuflichen Liebe konnte ich mich nicht anfreunden. Ich hätte meine kleine Judy zu oft alleine lassen müssen, und abgesehen davon hätte das eine schöne Stange Geld gekostet.

Da blieb für mich nur eines übrig: das Masturbieren. Aber das war auch nicht einfach. Ich war mit Judy ständig zusammen. Also bot sich die einzige Möglichkeit in der Nacht. Doch das war genauso kompliziert. Ich konnte mir doch nicht neben meinem schlafenden Kind den Schwanz wichsen. Also hieß es aufstehen und ab ins Badezimmer. Judy hatte jedoch einen sehr leichten Schlaf, und in den meisten Fällen wurde sie wach, wenn ich barfuß auf dem knarrenden Parkett in Richtung Badezimmer schlich. Zudem war ich beim Sex noch nie sehr schweigsam. Meine Frau sagte, ich gebe fast tierische Laute von mir, was sie damals übrigens sehr erregte. Und jetzt, mit prall gefüllten Hodensack, wo mir die Eier zu platzen drohten, war es höllisch schwer, mich still zu verhalten und meine Lustlaute zu unterdrücken, wenn mein Samen meinen Pimmel durchlief. Es war also nur eine halbe Sache, und aus diesem Grund verzichtete ich oftmals lieber auf das nächtliche Absamen, was aber nicht gerade dazu geeignet war, mir die für meine Arbeit nötige Ruhe zu geben.

Einmal schien es so, daß ich eine Lösung gefunden hätte. Ich hatte eine sehr attraktive Witwe kennengelernt, die mir, nachdem wir uns mehrmals getroffen und – im Rahmen des Anstandes – einander unsere schwierige Lage geschildert hatten, zu verstehen gab, daß sie nicht abgeneigt wäre, unsere Probleme gemeinsam zu lösen, und zwar in Form einer Ehe.

In jedem anderen Fall wäre ich vor dem Gedanken, meiner Judy eine Stiefmutter aufzuhalsen, zurückgeschreckt. Jedoch schien diese Frau Judy sehr zu mögen, ja, zu lieben. Sie streichelte ihr Gesicht, sie brachte ihr kleine Geschenke, und auch in unseren Gesprächen versuchte sie, mir Ratschläge zu geben, was ich noch alles in puncto Kindererziehung und Wohlbefinden meiner Tochter tun könnte. Auch von Judys Seite habe ich kein Anzeichen von Eifersucht gemerkt, im Gegenteil, sie fand die Tante sehr nett. Es schien so, daß ich eine neue Gefährtin bekomme, die mir auch einen Teil des Haushalts abnehmen und sich, während ich im Büro arbeitete, um Judy kümmern würde. Es ist nur logisch, daß wir uns, als ich sie einmal in ihrer Wohnung besuchte, bei der Begrüßung eng umarmten.

Sie hatte weiche, warme Lippen, und sie konnte wirklich gut küssen. Es war himmlisch, ihren Rubenskörper gegen meine Lenden zu drücken. Ich war erregt wie selten. Meine Hände, mit denen ich sie umarmt hielt, glitten langsam nach unten, und ich umfaßte ihre runden, weichen, aber elastischen Arschbacken. Sie wehrte mich nicht ab, ganz im Gegenteil, auch ihre Hand wanderte zwischen unsere Körper und umfaßte meinen vor Verlangen stahlharten Schwanz durch den Stoff der Hose. Der Druck der Frauenhand, die Berührung, die ich so lange nicht mehr genießen konnte, machte mich fast wahnsinnig.

Ich war froh, daß sie nicht prüde war, es schien, daß ich auch eine wirklich gute Sexualpartnerin gefunden hatte. Meine Hände wurden dreister. Ich hob ihren Rock hinten an und streichelte ihre Arschbacken, die nur noch durch ihr dünnes Höschen bedeckt waren. Als sie auch dagegen nicht protestierte, rutschten meine Hände von oben in ihr Höschen, und nun knetete ich direkt die weiche Haut ihrer Rundungen.

Wir küßten uns erneut, und ihre Hand öffnete meinen Hosenschlitz. Sie griff hinein und erfaßte meinen zum Bersten gespannten Pimmel. Sie sagte etwas, was ich in meinem Sinnesrausch nicht ganz verstanden hatte, und im nächsten Moment ging es bei mir los. Mein Pimmel begann zu spritzen, und ich spritzte meine Unterhose und auch ihre Hände voll.

»Entschuldige! Entschuldige!« stotterte ich, doch sie sagte, das sei nicht schlimm.

»Was hast du vorhin über Judy gesagt?« fragte ich.

»Nun, ich sagte, daß wir miteinander sehr glücklich werden. Daß wir Judy in ein Internat schicken...«

Weiter kam sie nicht. Ich bin bis heute überzeugt, daß nicht die Hand dieser Frau, sondern meine verstorbene Frau mich zum plötzlichen Abspritzen brachte. Denn in dem Moment, in dem ich vom sexuellen Druck befreit war, begann mein Gehirn wieder normal zu arbeiten.

»Meine Tochter ins Internat? Davon kann keine Rede sein!« sagte ich. »Meine Tochter bleibt bei mir!«

Ich erinnere mich nicht mehr genau an die Worte, die mir diese Frau bei dem nachfolgenden Wortwechsel an den Kopf geworfen hatte. Während sie mit einem Tuch meinen Samen von ihrer Hand abwischte, gab sie mir zu verstehen, daß sie nicht bereit sei, sich für die Tochter einer anderen Frau aufzuopfern. Sie sei keine Haushälterin und kein Kindermädchen, das sich um diese Göre kümmern müsse. Sie wolle einen Mann und sonst nichts.

Und dabei funkelten ihre schwarzen Augen wild. Ihre Pupillen zogen sich zu einem winzigen, stechenden, schwarzen Punkt zusammen, und das gab ihrem Gesicht einen so bösartigen, widerlichen Ausdruck, daß ich erschauerte. Ich erkannte, welcher Gefahr ich meine Tochter ausgesetzt hätte, hätte ich diese Bestie in mein Heim aufgenommen.

»Ich danke dir, daß du dein wahres Gesicht gezeigt hast«, sagte ich. »Ja, ich bin dir wirklich dankbar, so weiß ich eines genau: Ich opfere meine Tochter dir zuliebe nie! Vergiß deine Heiratspläne. Nicht mit mir!« Und ich ging

Später hörte ich, daß sie einen Partner gefunden hatte und heiratete.

Ich ahne, in welche Richtung sich die Sache entwickeln wird. Es war nicht schwer, das zu erraten. Allerdings zeigte mir die lange Einführungsrede meines Patienten und die Art, wie er seine Rolle als Vater betonte, daß er echte Schwierigkeiten hatte, seine Situation zu akzeptieren, wenn die Sache in die von mir vermutete Richtung verlief. Doch ich ließ ihn ausreden, damit er in Schwung kommt; so würde er lockerer werden, wenn er über sein eigentliches Problem zu sprechen beginnt.

III

Ich muß wieder zu jener Nacht zurückkehren, in der ich durch Judys Masturbation aufgeweckt wurde. Ich lag wie erstarrt neben meiner sich befriedigenden Tochter. Die Erkenntnis, daß sie nunmehr kein Kind, sondern eine erwachsene Frau ist, traf mich wie ein Schlag. Und es wurde nicht nur in meinem Gehirn gegenwärtig, nein, auch mein Körper reagierte entsprechend. Bevor Sie, Mrs. Blake, mich verurteilen, bedenken Sie, daß ich seit Jahren keine Frau mehr gehabt hatte. Daß ich jede Nacht mit meinen aufgestauten Trieben zu kämpfen hatte. Meine Eier waren voll, und ich hätte eine warme, feuchte Fotze vielleicht noch nötiger gehabt als die Luft zum Atmen. Daß ich an nichts anderes mehr denken konnte als an pralle Frauenschenkel, die sich für mich öffnen, an pralle Titten, die ich küssen und lutschen konnte, an Ärsche, an dicke, weiße, weiche, runde und einladende Frauenärsche, mit einer tiefen Furche zwischen den beiden Halbkugeln, in die ich meine Hand, und ja, auch meinen steifen Pimmel versenken konnte. Und natürlich auch an eine duftende, feuchte Fotze, deren rosa Inneres, dieser Schlauch der Seligkeit, dazu geschaffen war, meinen Schwanz da hineinzuschieben und sie mit wilden Stößen zu ficken, immer wieder tief in sie hineinzustoßen, bis mein Pimmel zu pochen und mein Samen in langen, heftigen, lustvollen Schüben in eben diese Fotze zu spritzen beginnen würde.

Dies war der einzige Gedanke, der in meinem Kopf ununterbrochen herumschwirrte, mein Blut in ständiger Erregung und meinen Pimmel in einer fast unerträglichen Spannung hielt. Und nun lag ich neben meiner Tochter, die ab diesem Moment kein Kind, sondern eine Frau war. Verstehen Sie, Mrs. Blake, eine *Frau*, die außerdem noch eben damit beschäftigt war, ihre kleine Fotze zu bearbeiten, zu reiben und zu reizen. Ja, ab diesem Moment hatte sie kein Kinderöschen mehr, sondern eine Fotze, die sich in sexueller Erregung verkrampfte, die Wellen der Lust empfing, die Judy dazu trieben, ihren Arsch zu heben und ihren Finger immer heftiger in ihr geiles Loch zu stechen. Und das Schlimmste: Diese Fotze sandte Düfte der Lust aus, die meine Nase erreichten.

Jede sexuelle Tätigkeit weckt Interesse im Menschen, ja, in jedem von uns. Nicht nur Interesse, sonder auch sexuelle Gefühle bis zur geschlechtlichen Erregung. Und diese sexuelle Tätigkeit spielte sich direkt neben mir, nur wenige Zentimeter von meinem Schwanz entfernt, ab. Ich spürte die Erschütterungen des Bettes, ich sah den Unterleib meiner Tochter hüpfen, ihre Hand auf ihrer Brust tanzen. Ich hörte ihr Stöhnen, ich spürte ihren Fotzenduft, und wie ich ihn spürte! Er betäubte meinen Kopf, ließ meinen Schwanz stahlhart werden, und ich dachte, mein Pimmel würde in der nächsten Sekunde abschießen!

Es wäre mit Sicherheit ein großer Fehler gewesen.

Denn ich war nie sehr leise in meiner sexuellen Erregung, und bei der momentanen enormen, ja unmenschlichen Spannung hätte ich bestimmt laut gebrüllt. Das hätte meine kleine Judy in ihrem Lustspiel gestört, sie wahrscheinlich auch erschreckt und schockiert, und sie hätte sofort erkannt, daß ich nicht schlief, sondern daß ich sie bei ihrem Spiel an ihrer Fotze beobachtet, sozusagen ertappt hatte. Das hätte bei ihr sicherlich einen Schock ausgelöst, was ich unbedingt verhindern mußte.

Ich hielt den Atem an. Meine Hand hielt meinen zuckenden Schwanz umklammert, und ich spannte alle Muskeln meines Körpers an, um dadurch meine Aufmerksamkeit von meinem leidenden und sich sehnenden Schwanz auf andere Körperregionen zu lenken. Ich wollte meine Augen schließen, damit ich Judys Bewegungen nicht mehr sähe, doch es gelang mir nicht. Wie gebannt starrte ich auf die Bewegungen ihrer wichsenden Hand unter der Bettdecke, die im Rhythmus dieser Bewegungen hüpfte, und auf ihre andere Hand, die ihre Brust heftig knetete. Ich hätte brüllen können vor Verlangen, aber ich mußte still liegen, durfte mich nicht bewegen und keinen Laut von mir geben.

Am schlimmsten wurde es, als sich Judy dem Orgasmus näherte. Ihre Bewegungen wurden immer heftiger, sie atmete nun mit geöffnetem Mund und stöhnte ziemlich laut. Ihr Atem wurde zerhackter, in ihr Stöhnen mischten sich gutturale Töne, nicht allzu laut, doch in meiner Situation waren meine Sinne geschärft, so daß ich deutlich erkennen konnte, als ihr Körper vom Orgasmus durchschüttelt wurde.

Und in diesem Moment ging es auch bei mir los. Ich umklammerte meinen Schwanz mit aller Gewalt, drückte fest zu, doch es half nichts; er begann zu zukken, und der Pimmelsaft, der in meinen Hoden und in meiner Prostata aufgestaut war, schoß durch meine Harnröhre und spritzte in meine Pyjamahose. Mrs. Blake, Sie können sich gar nicht vorstellen, mit welcher unmenschlichen – besser: übermenschlichen – Kraft ich meine Zähne zusammenbiß, mein Stöhnen unterdrückte und meinen Körper, der sich in Wollust winden wollte, erstarren ließ. Wenn ich vielleicht doch ein bißchen gestöhnt habe, ging das glücklicherweise in Judys Lustlauten unter.

Ich wagte es nicht, mich zu bewegen. Auch als Judy sich nach der erlebten Wollust zusammenkauerte, ihr Atem sich beruhigte und sie in einen tiefen Schlaf tauchte, lag ich immer noch da, meine Hand hielt meinen Schwanz, der trotz des Abspritzens immer noch steinhart war, umklammert. Meine Pyjamahose und meine Hand waren glitschig naß, mein Sperma klebte an meinem Körper und an meiner Hose. Ich wagte keine Bewegung, nur meine Zehen bewegte ich, damit ich keinen Krampf in den Waden bekam.

Judy schlief schon tief, als ich es endlich wagte, mich mit unendlicher Langsamkeit aufzusetzen, ganz leise aus dem Bett zu steigen und barfuß und lautlos wie ein Dieb in der Nacht zum Badezimmer zu schleichen. Ich stand nun da vor dem Klosett, wollte Wasser lassen, doch mein Pimmel stand immer noch, so daß ich keinen Tropfen herausbekam.

Klar denken konnte ich nicht. Ich war erschüttert, fühlte mich auch schuldig, daß ich mich durch mein eigenes Kind aufgeilen ließ und daß ich immer noch geil war. Nicht um mir Lust zu verschaffen, sondern um die Spannung loszuwerden, begann ich, meine Hand auf meinem Schwanz langsam zu bewegen. Ich schob meine Vorhaut hin und her, und langsam verteilte sich das Lustgefühl in meinem Schwanz. Ich wichste schnell und heftig, bis ich die Lust aus den Eiern wieder aufsteigen spürte. Meine Bewegungen wurden immer hektischer, und dann begann es wieder da ganz hinten in meinem Pimmel zu klopfen. Ich spürte, wie mein Pimmelsaft meine geschwollene Harnröhre durchlief und vorne aus dem kleinen Loch an meiner Eichel in sechs oder sieben kräftigen Schüben herausspritzte.

Ich achtete nicht darauf, wohin ich spritzte, ich ließ es einfach kommen. Beim ersten Spritzer knickten meine Knie ein, und diesmal stöhnte ich auch in der Erregung. Dann stand ich da, gekrümmt vor dem Klobecken, und mir wurde plötzlich klar, daß ich in völliger Dunkelheit stand. Ja, ich hatte das Licht gar nicht angeknipst.

Dann kam ich langsam zu mir. Ich schaltete das Licht ein, zog meine besudelte Pyjamahose aus, und dann konnte ich endlich meine Blase entleeren. Ich steckte meine Pyjamahose in den Korb mit der schmutzigen Wäsche, dann wischte ich die Spuren meines Samens vom Fußboden und vom Klodeckel. Ich wusch auch meine Hände und meinen Schwanz, dann knipste ich das Licht aus und kehrte sehr langsam und sehr leise zu meinem Bett zurück.

Ich mußte mich auch sehr leise verhalten, denn ich ging nun ohne Hose und mit nacktem Unterkörper zu meinem Bett. Mein Schwanz, der immer noch etwas geschwollen war, ging vor mir wie ein Wegweiser, und ich wollte nicht, daß mich meine Tochter, sollte sie zufällig aufwachen, in diesem Zustand sieht. Es wäre mir sehr schwer gefallen, ihr meine Nacktheit zu erklären.

Ich legte mich ins Bett und schaute zu meiner Tochter hinüber. Sie schlief mit dem Rücken zu mir. Ich hatte ein schlechtes Gewissen. Ich schämte mich vor mir selbst, daß mein Körper so reagierte, daß ich mich durch meine Tochter aufgeilen ließ. Jeder Mann der Welt hätte mehr Recht gehabt, durch sie geil zu werden, als ich. Zumindest habe ich damals so gefühlt, und eben deshalb fühlte ich mich schuldig und schmutzig.

Und dann merkte ich, daß sie zwar bedeckt war, aber ihr Hintern, dieser wunderbare zarte Frauenpopo, unbedeckt vor meinen Augen lag. Trotz der Dunkelheit des Zimmers sah ich, wie sie rosa schimmerte, diese wunderbare Aprikose mit der Spalte zwischen den beiden Hemisphären, und unten, wo sie in die Oberschenkel übergingen, war ein kleiner Büschel Fotzenhaare sichtbar. Es war mir klar, daß meine kleine Tochter da im Bett neben mir lag, aber was ich sah, war ein Frauenarsch, ein rosiger Frauenarsch, wie man sich keinen schöneren vorstellen kann. Ein Arsch, den ich auch bei ihrer Mutter so liebte, den ich stundenlang streicheln, liebkosen und küssen konnte, bis sie nach hinten griff, mit suchender Hand meinen harten Schwanz erfaßte und sagte: ‚Komm endlich, Liebster, meine Fotze platzt schon vor Verlangen. Komm, fick mich endlich!'

Und ein genau solcher Arsch lag nun ganz frei und unbedeckt vor meinen Augen. Es war sonderbar, wie meine Tochter da lag: Zusammengekauert wie eine Katze, die Decke weit über den Kopf gezogen, nur ihr Arsch, dieser so süße Jungmädchenarsch, lag frei, offenbarte sich meinen Augen und ließ in der Spalte noch zwei kleine Lippen, zwei schmale, sanfte, süße und duftende Fotzenlippen sehen.

Und mein Pimmel stand wieder, obwohl ich in kurzer Folge schon zweimal abgespritzt hatte. Ich dankte dem Schicksal, daß ich meinen Sack bereits zweimal entleert hatte, sonst hätte ich bestimmt nicht widerstehen können, und ich hätte meinen vor Verlangen schmerzenden Pimmel auch mit Gewalt zwischen diese Lippen gesteckt. Ihre Fotzenlippen waren geschlossen, doch ich hätte sie mit meiner Schwanzspitze bestimmt grob auseinanderdrängen, meinen harten Stab dazwischenbohren und ihre süße, unschuldige, jungfräuliche Fotze wild und grausam durchficken können.

Und das hätte ich mir ein Leben lang nicht verzeihen können.

Aber ich konnte widerstehen, auch wenn mein Schwanz wieder aufrecht stand und voller Sehnsucht war. Es blieb mir nichts anderes übrig, als wieder – langsam und leise wie ein Dieb – zum Bad zu schleichen, dort meinen leidenden Schwanz in die Mangel zu nehmen und ihm eine dritte Entladung zuzumuten. Und diese dritte Wichspartie war vielleicht genüßlicher als die beiden vorhergehenden. Denn bei denen war der Sack noch übervoll, und mein Sperma drang mit Gewalt aus seinem Gefängnis heraus. Jetzt aber streichelte meine Hand mein bestes Stück sanfter und mit mehr Gefühl, schob die Haut an meinem Pimmel behutsam hin und her, so daß meine Eichel mal unter der Vorhaut verschwand, mal sich aus ihr mit rotem Kopf herausschob, wobei sich in der ganzen Länge meines Schwanzes ein unbeschreiblich schönes Gefühl verbreitete. Es war nicht mehr dieser unwiderstehliche Drang loszuspritzen, nein, diesmal genoß ich die Gefühle, die in meinem Liebeszepter entstanden, und konzentrierte mich auf sie. Dabei versuchte ich, meine Gedanken von meiner Tochter abzulenken.

Ich dachte an die Frau, auf die ich ihretwegen verzichtet hatte, die ich beinahe schon gefickt hatte, und ich erinnerte mich an die Sehnsucht, die ich nach ihrer Fotze hatte. Dann dachte ich an meine Frau, mit der ich so viele schöne Tage und Jahre erlebt habe. Ich dachte an das Gefühl, wie ich meinen Schwanz seinerzeit in ihren Körper geschoben habe. Wie ich sie ganz langsam und mit nur kleinen Stößen gefickt habe, damit das Glück des Fickens möglichst lange hält. Ich dachte daran, wie dann in mir die Lust so hoch aufstieg, daß ich mich nicht mehr zurückhalten konnte und meinen Samen, vor Lust röchelnd und jauchzend, Schub für Schub in ihren Körper spritzte.

Und genauso stieg in mir auch diesmal die Lust auf. Und je höher sie in meinem Körper aufstieg und je intensiver ich sie spürte, desto mehr verschwamm das Bild meiner Frau und statt dessen drängte sich der rosa Arsch meiner Tochter vor mein geistiges Auge, was dann schließlich bei mir die Schleusen endgültig öffnete. Ich verspritzte meine Lust erneut, wobei meine Gedanken dieses Mal ganz beharrlich bei meiner Tochter verweilten.

Groß war mein Genuß und fast unerträglich die Lust, die ich verspürte, während mein überreizter Pimmel in langen Schüben spritzte, doch sobald die Wellen der Lust verebbt waren, meldete sich wieder mein Gewissen.

Bevor ich aus dem Badezimmer ging, schaute ich für einen Augenblick in den Spiegel, dann spuckte ich auf mein Ebenbild.

Der Mann sollte Drehbuchautor werden. Er schildert seine Geschichte so plastisch, so farbig, so bildhaft, daß mir scheint, ich höre seine Geschichte nicht, sondern ich ‚sehe' sie vor meinen Augen. Die Erfahrung, die er machte, war so durchschlagend, daß sie seine Gedanken dominierte. Sicherlich hat er sich an diese Nacht noch oft erinnert, ließ sie vielleicht im Gedächt-

nis immer wieder ablaufen, und wahrscheinlich diente sie ihm später auch als Wichsvorlage, auch wenn er dies – wie ich nach der Art seiner Erzählung vermute – selbst verdrängt hatte. Die Sache beginnt, interessant zu werden, aber ich warte ab, wie sie weitergeht.

IV

Die folgenden Nächte waren grausam. Ich lag häufig wach auf dem Bett, neben mir meine schlafende Tochter. Ich wollte schlafen, aber etwas hielt mich wach. Ich glaube, es war die Angst, daß sie sich wieder mit ihrer Muschi beschäftigen würde und daß ich dann bewegungslos neben ihr liegen und so tun müßte, als ob ich schlief, wobei mich die Teufel der Leidenschaft mit ihren Pfeilen durchlöchern würden.

Das Leben ist seltsam. Ich lag da wach, und meine Tochter schlief. Anstatt jetzt beruhigt einzuschlafen, versteifte sich mein Schwanz allein beim Gedanken, daß das Wesen, das bisher mein Kind, meine unschuldige und in meinen blinden Elternaugen geschlechtslose Tochter war, nun eine erwachsene und mit allen Körpermerkmalen versehene Frau war. Das Bewußtsein, daß sich zwischen ihren Beinen ein Lustkörper befindet, der Traum eines jeden Mannes, hat mich erregt. Ich glaubte zu spüren, daß dieses Nest der schönen Gefühle irgendwelche Wellen aussendet, vielleicht kaum wahrnehmbare Düfte, die man Pheromone nennt, oder irgendwelche elektrische Impulse, und diese würden meinen Schwanz treffen, was sie nicht dürften, und mein Schwanz würde dadurch hart, groß und steif, so steif, daß es fast schon weh tut. All das durfte eigentlich nicht sein, denn diese Fotze, ja, es ist ein weiblicher Geschlechtsteil, eine richtige Fotze, gehört meiner Tochter und müßte deshalb für mich absolut tabu sein.

Das Wesen aller Tabus ist das Ungemach, daß sie gerade diejenigen treffen, die sie nicht treffen dürften. Und so stand nun mein Pimmel aufgerichtet, und ich mußte ihn mit meiner Hand umklammern, damit mich das Pochen des Blutes darin nicht so stark quälte. Doch gerade durch den Druck meiner Hand verstärkte sich das Pochen nur noch mehr, und ich mußte, um nicht laut aufschreien zu müssen, meine Vorhaut ein bißchen bewegen. Ich tat es nur ein wenig, damit sich die Spannung in der ganzen Länge ausbreiten konnte.

Daß dabei in meinem Schwanz sehr angenehme Gefühle entstanden, war nicht einkalkuliert, aber diese Situation stellte sich ein. Und dadurch war der Drang noch größer, den Schwanz fester und schneller zu wichsen, wobei ich darauf achten mußte, daß das Bett nicht erschüttert wurde und meine Tochter nicht aufwachte.

Das schöne Gefühl wurde immer stärker, meine Erregung wuchs immer mehr, und ich ergab mich meinem Schicksal. Schließlich ist es besser, wenn ich zum Abspritzen komme. Dann ist die Spannung wenigstens vorbei, und sollte Judy irgendwann in der Nacht aufwachen und sich befriedigen, würde es mich nicht mehr erregen. Vielleicht würde ich tief schlafen und von all dem nichts merken. So beeilte ich mich, meinen Schanz soweit zu stimulieren, daß ich zum

Abschluß kommen konnte. Vorsorglich hielt ich in meiner anderen Hand ein Taschentuch bereit, um meinen ausströmenden Samen darin aufzufangen, damit ich auf der Bettwäsche keine verräterischen Spuren hinterließ.

Ich war froh, diese Lösung gefunden zu haben, so könnte ich – so dachte ich – zum Lustgewinn kommen, ohne die Erregung durch meine Tochter zu bekommen und ohne auf inzestuöse Gedanken zu kommen. Ich war dem Höhepunkt schon ganz nahe. Es begann schon dieses ziehende Gefühl hinten in meinem Schwanz, das immer ankündigt, daß die Schleusen geöffnet werden und das Sperma in lustvollen Stößen ausströmen wird. Und im demselben Moment bewegte sich Judy ein wenig.

Ich erstarrte. Meine Hand hielt meinen Pimmel noch immer fest umklammert, aber ich bewegte mich nicht. Ich hielt auch die Augen geschlossen, nur durch einen winzig kleinen Spalt zwischen den Augenlidern versuchte ich, in der Dunkelheit zu erkennen, ob Judy aufgewacht war oder sich nur im Schlaf bewegte.

Sie war wach. Ich sah deutlich, daß sie sich mit dem Oberkörper aufrichtete und zu mir herüberschaute. Ja, sie beugte sich sogar ein wenig zu mir, um zu sehen, ob ich schlafe. Ich wagte kaum zu atmen.

Judy schien sich überzeugt zu haben, daß ich mich im tiefen Schlaf befand, worauf sie sich aufrichtete und die Träger ihres Nachthemdes herunterstreifte. Ihre wunderschönen Brüste kamen zum Vorschein.

Ich hätte fast aufgeschrien, als ich diese Wunderdinger sah. Sie hatte genau solche apfelförmigen Brüste wie ihre Mutter seinerzeit. Sie waren groß und fest, sie verliefen nach vorne etwas spitz und waren dicht am Körper breit und rund. Oh, wie ich diese Brüste liebte. Ich meine, bei meiner Frau. Sie waren für mich eine unerschöpfliche Quelle der Lust und der Wonnen. Ich konnte sie stundenlang anschauen, streicheln und kneten. Ich genoß es, die in der Erregung stark turmartig hervorgetretenen Knospen zwischen den Fingern zu zwirbeln, sie dann in den Mund zu nehmen und daran zu saugen, bis meine Frau, allein dadurch, daß ich an ihren Brüsten nuckelte, einen Orgasmus nach dem anderen bekam. Und dann, als ich es nicht mehr aushalten konnte, habe ich meinen Schwanz zwischen diese wunderbaren Äpfel gesteckt. Sie waren so groß, daß, wenn meine Frau sie von beiden Seiten mit ihren Händen zusammendrückte, mein Pimmel zwischen ihnen völlig verschwand.

Und dann begann ich zwischen diese Wonneäpfel zu stoßen. Ich fickte sie zwischen die Titten, und sie bekam dabei ein oder zwei weitere Höhepunkte. Und dann begann auch mein Schwanz zu spritzen. Wie Fontänen stießen die Spermaströme zwischen ihren Titten heraus und landeten auf ihrem Hals, auf ihrem Gesicht und auf ihrem Mund. Mit ausgestreckter Zunge versuchte sie dann, die Spritzer von ihrem Gesicht abzulecken. Dann nahm sie meinen Pimmel in den Mund, meine Eichel, aus deren Spitze noch immer Reste der Lustflüssigkeit sickerten, und saugte die letzten Tropfen meines Spermas aus mir heraus.

Nach einer solchen Prozedur dauerte es meistens nicht sehr lange, bis sich mein Schwanz wieder aufgerichtet hatte, wobei meine geliebte Frau mit ihren Händen und mit ihrem Mund mithalf. Und dann steckte ich meinen Schwanz in diese wunderbare Fotze zwischen ihren Beinen, die ich für die lieblichste, süßeste, teuerste Fotze der Welt hielt. Das war sie auch, jedenfalls für mich. Und dann begannen wir mit einem wilden Fick, putschten einander gegenseitig mit allerhand säuischen Reden auf und fragten unablässig: ‚Kommst du bald? Kommt es schon bei dir? Kannst du mit mir kommen?' Womit wir meistens auch erreicht hatten, daß wir fast gleichzeitig den höchsten Gipfel der Wonne erklommen. Dann lagen wir aufeinander und umarmten uns. Mein sich langsam zurückziehender Schwanz, der immer noch in ihrer süßen Fotze steckte, verharrte dort, bis die Seligkeit in unseren Körpern ausgeklungen war. Es kam auch vor, daß wir in dieser Position einschliefen.

Und jetzt habe ich das gleiche Bild vor meinen Augen: Diese wunderbaren Äpfel, als wenn meine Frau neben mir im Bett säße, und Judys Hände bearbeiten diese schönen Titten. Sie sitzt, mit geschlossenen Augen, den Kopf etwas in den Nacken geworfen, mit halb geöffnetem Mund und flüstert etwas vor sich hin, was ich nicht verstehen kann. Und ich liege wie erstarrt neben ihr, den pochenden Pimmel krampfhaft umklammert, unmittelbar vor dem Abspritzen, und bete: Lieber Gott, gib, daß es mir nicht kommt, oder zumindest, daß ich dabei leise bleiben kann.

Dann sehe ich, wie Judys Hand langsam nach unten sinkt. Sie schiebt das störende Hemd zur Seite und umklammert ihre kleine, jungfräuliche Fotze. Ich sehe, sie hat kein Höschen an. Ihre Hand auf der nackten Fotze beginnt sich zu bewegen. Ein Finger verschwindet im kleinen, heißen Loch und bewegt sich rein und raus wie ein kleiner, fickender Pimmel, während ihre andere Hand wild ihre Titten knetet; mal die eine, mal die andere. Und sobald der Duft, der aus ihrer geilen, aufgeregten Fotze herausströmt, meine Nase erreicht, geht es bei mir los, ohne daß ich meine Hand bewege. Mit krampfhaft zusammengekniffenen Zähnen, um nicht aufzuschreien, verströme ich meinen Pimmelsaft direkt auf meinen Bauch. Natürlich ist das Taschentuch in meiner anderen Hand weit weg, und ich kann und darf mich nicht bewegen. Welch ein Glück, daß sich mein Schwanz noch unter der Pyjamajacke befindet, so wird zumindest die Dekke nicht besudelt. Es wäre unmöglich sie zu säubern, ohne daß Judy etwas merkt.

Meine Tochter fährt in ihrer Lustreise natürlich weiter. Sie hat sich wieder hingelegt. Ihre nackten Brüste, nur von ihrer Hand abwechselnd bedeckt, liegen frei. Ihr Nachthemd hoch auf ihren Bauch geschoben, die Knie angezogen, die Schenkel breit, und ihre Hand bewegt sich heftig zwischen ihren Schenkeln.

Ich denke, ich muß gleich wahnsinnig werden. Mein Pimmel liegt nun im eigenen Saft, der durch die Körperwärme langsam einzutrocknen beginnt, was juckende Gefühle verursacht. Und ich darf mich nicht bewegen, um meine Tochter nicht zu stören. Mein Schwanz steht immer noch, er wurde nicht weich. Wie auch, wenn neben mir meine Tochter ihre kleine geile Fotze bearbeitet, wenn ich, zwar nur durch halbgeöffnete Augenlider, doch ziemlich deutlich sehe, wie sie mit ihren Brüsten spielt, wie sie mit einer Hand zwischen ihren Schenkeln wühlt, in ihrer jetzt sicherlich sehr erregten und feuchten Fotze wühlt, deren Düfte mich wahnsinnig machen; wahnsinnig vor Erregung und – ja – vor Sehnsucht.

Judy beginnt leise Töne von sich zu geben. Ich verstehe nicht, was sie murmelt, sie ist zu leise. Vielleicht sind das keine Worte, die da heraussprudeln, nur Töne der Lust, aber sie erreichen meine Ohren und machen mich wahnsinnig. Der süße Duft, der aus ihrer Lustgrotte aufsteigt, betäubt mich, und ich kann nicht anders: Meine Hand beginnt sich langsam auf meinem Pimmel zu bewegen. Nur winzig kleine Bewegungen sind das, denn Judy darf nichts merken, aber sie reichen, um die Lustgefühle in meinem Schwanz schlagartig zu verstärken. Ich schäme mich, daß ich mich durch mein eigenes Kind erregen und geil machen lasse, aber gleichzeitig ist das sehr erotisch und lustvoll, neben einer wichsenden Frau auch selbst zu wichsen. Daß es meine eigene Tochter ist, daß ich also eigentlich eine inzestuöse Handlung ausführe, daß steigert zwar mein Schamgefühl, gleichzeitig aber auch meine Geilheit.

Die Lust wird immer größer, ich kann mich kaum mehr zurückhalten, mein Pimmel will erneut spritzen.

Judys Bewegungen, aber auch ihre Laute werden immer schneller und hörbarer. Sie stöhnt, und ich sehe, daß sie ihren süßen Arsch hebt, als ob sie mit einem unsichtbaren Mann ficken würde, obwohl es nur ihr eigener Finger ist, der ihrer Muschi die höchsten Wonnen bereitet.

Und dann plötzlich höre ich ein langgezogenes »Aaah, aaah«, was nichts anderes als den eintretenden Orgasmus bedeutet. Judy wirft ihren Körper wild hoch, stößt gegen ihren fickenden Finger, und dann sackt sie zurück. Gleichzeitig geht es auch bei mir los; mein Pimmel spritzt wieder, diesmal sogar – so scheint es mir – noch mehr als vorhin, und das Gefühl ist so stark, daß ich gegen meinen Willen laut werde und einen knurrenden Ton von mir gebe. Judy zuckt zusammen und wendet ihren Kopf erschrocken zu mir. Ich täusche Husten vor, es gelingt mir sogar, so zu tun, als ob ich nur im Traum huste, ohne dabei aufzuwachen. Dann drehe ich mich wie jemand, der sich normal im Schlaf umdreht, von Judy weg, kehre ihr meinen Rücken zu und tue so, als sei ich nach wie vor in tiefen Schlaf versunken. Durch das Umdrehen verschmiert sich mein Samen nun in meiner ganzen Hose und in der Jacke. Und das Taschentuch ist immer noch weit weg.

Dann höre ich Judy tief atmen, ja auch leise schnarchen. Trotzdem warte ich noch, hoffend, daß sich ihr Schlaf noch mehr vertiefen wird. Wieviel Zeit war so vergangen? Zehn Minuten? Eine halbe Stunde? Oder sogar noch mehr? Ich weiß es nicht, mein

Zeitgefühl versagt. Dann, nach langer Zeit, wage ich es endlich, meinen Körper millimeterweise zu verschieben, leise aus dem Bett zu kriechen und auf den Zehenspitzen ins Bad zu gehen.

Erleichtert schließe ich leise die Tür hinter mir zu. Erst muß ich Wasser lassen. Lange strömt es aus mir heraus. Dann reiße ich meinen Pyjama vom Körper. Der Samen ist schon eingetrocknet, bildet eine harte Kruste. Ich muß staunen, wieviel aus mir herausgekommen ist.

Ich wasche mich, natürlich nur leise, damit Judy nichts mitbekommt, dann stecke ich meinen besudelten Pyjama in den Wäschekorb. Morgen, wenn Judy in der Schule ist, werde ich ihn wenigstens einmal durchspülen.

Aber ich habe jetzt nichts mehr zum Anziehen. Es geht nicht anders, ich muß splitternackt in mein Bett zurückschleichen. Mein Schwanz wackelt vor meinem Körper, als ich langsam auf Zehenspitzen zum Bett gehe. Judy darf jetzt nur nicht aufwachen.

Endlich erreiche ich mein Bett und strecke mich lautlos unter der Bettdecke aus. Nie wieder, sage ich mir, nie wieder lasse ich mich so weit gehen, daß ich, von meinem eigenen Kind aufgegeilt, mich mit ihr zusammen befummele und masturbiere. Nie wieder! sage ich mir erneut.

Aber ich weiß nicht, ob ich diesen Schwur werde einhalten können.

V

Es folgte eine Zeit der Qualen, unerträglicher Qualen, die trotzdem voller Leidenschaft und Lust waren. Ich habe meine kleine Tochter – als solche – verloren, dafür hatte ich jetzt eine sehr begehrenswerte junge Frau im Haus. Und das war das Dilemma. Ich liebte meine Tochter noch immer abgöttisch, denn ich hatte außer ihr niemanden auf der Welt. Sowohl meine Frau als auch ich waren die letzten Sprößlinge einer jeweils aussterbenden Familie. Wir hatten keine Verwandten: keine Onkel, keine Tanten, keine Cousinen und auch keine Geschwister, denn wir waren beide Einzelkinder. Demnach hatte auch Judy niemanden außer mir, wir beide waren allein auf dieser Welt. Wir hingen auch dementsprechend aneinander, uns verband eine unendlich große Liebe, doch hatte sich in eben dieser Liebe gerade einiges geändert.

Bisher war Judy in erster Linie einmal mein *Kind*. Ja, das war sie auch weiterhin, aber ich konnte sie nicht mehr mit den selben Augen betrachten wie bisher. Hinter dem Bild des Kindes kam immer mehr die Frau, die junge Frau zum Vorschein. Plötzlich sah ich, was ich bis dahin nicht zu bemerken schien, daß sie verdammt hübsch war. Was am meisten ins Auge fiel, waren ihre Brüste. Für ihr Alter waren sie sehr gut entwickelt, sie schienen ihre Bluse zu sprengen. Und da sie – weil sie es noch nicht nötig hatte – keinen Büstenhalter trug, stachen ihre Brustwarzen wie kleine, spitze Türme gegen ihr Kleid und zeichneten sich darunter deutlich ab, als ob sie den Stoff hätten durchstechen wollen.

Sie hatte die gleichen Brüste wie ihre Mutter: Große, gut entwickelte Äpfel, die spitz nach vorne ragten, elastisch, aufregend. Sie wippten nicht bei jedem Schritt, da sie sehr fest waren, aber bei jeder ihrer Bewegung erzitterten sie, was noch erotischer wirkte, was noch aufreizender war, und was – verdammt noch mal – meinen Schwanz immer zum Stehen brachte. Ich hatte meine liebe Mühe damit, meinen Pimmel immer so zu positionieren, daß er die Hose vorne nicht zu sprengen drohte. Und das möglichst unauffällig, denn ich hätte mich in Grund und Boden geschämt, wenn meine Tochter oder sonst jemand mich dabei beobachtet hätte, wie ich meinen Schwanz richtete.

Gut, ich muß nicht ständig ihre Brüste anstarren, könnten Sie jetzt sagen. Aber meine Augen gehorchten meinem Willen nicht. Ich habe dagegen angekämpft, ich schämte mich vor mir selbst, daß ich beim Anblick meiner Tochter geile Gedanken bekam. Mein Wille war anscheinend nicht stark genug.

Aber auch wenn ich meine Augen von ihren geilen Titten hätte abwenden können, es hätte nicht allzu viel genützt. Ich hätte sie überhaupt nicht anschauen dürfen, denn jeder Zentimeter ihres Körpers strahlte die Aura einer schönen, ja, sehr schönen jungen Frau aus. Ihre Arme waren rund und geschmeidig, ihre Taille wie die einer Wespe, wogegen ihr Hintern sich in wunderbarem Bogen nach hinten wölbte und ihrem Rock eine Form gab, die jeden Männerschwanz zum Stehen hätte bringen können. So auch den meinen. Und er tat es auch. Aber auch die schlanken Beine, unlängst noch dünne Stäbe, jetzt mit gut entwickelten Waden echte Frauenbeine, die im Kopf eines Mannes nur in die eine Richtung zeigen, die nach oben führt und dort endet, wo sich diese Beine treffen, faszinierten mich. Es wäre auch für jeden anderen Mann unmöglich, beim Anblick meiner Tochter keine geilen Gedanken zu bekommen; um wieviel schwerer war es aber für mich, der ich ja seit vielen Jahren in völliger Abstinenz lebte und mein Leben einzig und allein meiner kleinen Tochter widmete!? Meine Tochter hörte nun plötzlich auf, ein Kind zu sein, und begann sich zu einer blühenden Frau, schön wie eine Rose, zu entwickeln. Das wäre an und für sich noch nicht schlimm gewesen; schlimm war nur, daß diese Veränderung, wie sie sich sozusagen aus einer Raupe zu einem schönen Schmetterling verwandelte, auch mir aufgefallen war und bewußt wurde.

Ich versuchte wirklich, jeden Gedanken von mir zu weisen, der in irgendeiner sexuellen Beziehung zu meiner Tochter stand. Ich versuchte es tatsächlich, aber es gelang mir überhaupt nicht. Wie kann jemand, der am Verhungern ist, sagen, wenn ihm ein Gänsebraten vor die Nase gestellt wird, daß er keinen Appetit hat? Wie kann ein Verdurstender widerstehen, wenn er plötzlich ein Glas Wasser zum Trinken angeboten bekommt?

Ich habe Widerstand geleistet. Das heißt, ich habe meine Tochter nicht berührt, ja, ich versuchte, sie möglichst von mir fernzuhalten, damit ich nicht mal ihre Hand berühren muß. Doch machen Sie das, wenn sie Ihnen ihre Arme um Ihren Hals legt und fragt: ‚Was ist mit dir, Daddy? Du scheinst mich nicht mehr lieb zu haben!' Und dabei drückt sie ihre Titten, diese verdammt schönen, großen, apfelförmigen Titten gegen Ihre Brust. Da bleibt nur eines: sich nach vorne zu bücken, damit sie nicht die Härte des Pimmels bemerkt, der die Hose zum Platzen bringen will.

Ich habe sie also nicht ‚unsittlich' berührt, ja ich versuchte, sie so wenig zu berühren wie nur möglich. Doch Mädchen hängen meist an ihrem Vater, besonders wenn er der einzige Mensch auf der Welt ist, den sie haben. Und noch etwas kommt dazu: Die Weiblichkeit, die in einem Mädchen in diesem Entwicklungsstadium erblüht. Heute weiß ich, daß viele Mädchen in ihren Vater verliebt sind und auch den späteren Ehemann so wählen, daß er dem Vater ähnelt. Wie die erste (unbewußte) Liebe eines jeden Knaben der Mutter gilt, genauso ist für die Mädchen immer der Vater die erste Liebe. Den Heranwachsenden ist es meistens nicht bewußt, daß es sich eigentlich um die sich entwickelnde geschlechtliche Liebe handelt, aber es ist nun mal so.

So war es auch bei Judy. Sie versuchte, so oft sie nur konnte, mich zu umarmen. Öfters sogar in besonders verfänglichen Situationen, zum Beispiel morgens beim Aufwachen, wo sie nur mit einem leichten, fast durchsichtigen Nachthemd bekleidet war und ich – besonders an sehr heißen Sommertagen – nur mit einer Pyjamahose. Der Gutenmorgenkuß artete dann in eine Umarmung aus, wobei ihre wegen des dünnen Nachthemdes fast nackte Brust sich an meine Brust drückte, wobei sie mich mit ihren aufrechtstehenden, harten Brustwarzen fast durchbohrte. Was noch schlimmer war: Sie versuchte – ich möchte annehmen, daß sie dies nicht bewußt, sondern eher instinktiv tat – auch ihren Unterkörper gegen den meinen zu drücken, so daß es manchmal passiert ist, daß ich mich mit einem Ruck aus ihrer Umarmung befreien und mich von ihr schnell abwenden und ins Bad laufen mußte, damit sie meinen harten, aufrechtstehenden Schwanz, der aus dem Schlitz der Pyjamahose rutschte, nicht entdecken konnte. Und als Belohnung begann sie dann zu murren, daß ich sie nicht mehr lieb habe.

Unter diesen Umständen war es nicht verwunderlich, daß ich mich ständig in sexueller Erregung befand. Das Resultat war, daß ich übermäßig masturbieren mußte, was mich zwar für kurze Zeit beruhigte, was aber mein Verlangen nicht stillen konnte. Ja, eben, weil mein armer Schwanz durch das ständige Reiben immer etwas angeschwollen war, konnte er sich nie völlig erholen.

Diese Periode dauerte ziemlich lange. Die Tage waren also schwer, aber die Nächte noch schwerer. Normalerweise habe ich einen ruhigen Schlaf, aber in diesem ständig gereizten Zustand funktionierten auch meine Sinne übersteigert. So wurde ich bei dem leisesten Laut, bei der leichtesten Erschütterung des Bettes, sofort wach. So bekam ich immer mit, wenn sich Judy befriedigte. Mit zusammengebissenen Zähnen versuchte ich, Herr meiner eigenen Erregung werden, während ich Judys leise Lustlaute, das schmatzende Geräusch ihrer Finger in ihrer überfeuchten Muschi und das Rascheln der Bettwäsche unter ihren Bewegungen hörte, während ich die Erschütterung des Bettes spürte und während meine Nase von dem betörenden Duft ihrer erregten Muschi umgeben war. Ein Heiliger hätte es nicht ohne Nervenzusammenbruch überstanden – und ich war kein Heiliger.

Die alles entscheidende Wendung – fast sagte ich Katastrophe – trat dann ein, als ich eines Nachts, wahrscheinlich übermüdet, nicht sofort aufwachte, als Judy ihrem Körper das zu geben begann, wonach er verlangte. Erst, als sie einen ungewöhnlich lauten Lustschrei von sich gab, wurde ich wach, war aber noch nicht ganz bei Besinnung. Ich hörte nur ihren Aufschrei, und mein väterlicher Instinkt meldete mir, daß sich meine Tochter in Gefahr befindet oder Schmerzen hat. Mit einem Ruck setzte ich mich – noch immer schlaftrunken – auf und beugte mich über Judy.

Und ich schaute in die erschrockenen Augen meiner Tochter!

Judy, wohl wissend, daß sie bei ihrer Tätigkeit ertappt worden war, legte ihren Arm verängstigt über ihre Augen und versuchte, sich mit der anderen Hand zu bedecken. Ich wurde augenblicklich hellwach, und mein Gehirn begann fieberhaft zu arbeiten. Ich wußte, daß meine Tochter in diesem Moment einen Schock erlitt, und ich mußte in Sekundenschnelle die richtigen Worte finden, um sie zu beruhigen. Deshalb fragte ich einfach: »War es schön, mein Schatz?«

Judy zuckte zusammen, dann drehte sie ihren Kopf, die Augen immer noch mit dem Arm schützend, weg von mir. Ja, sie drehte mir auch ihren Rücken zu. Ich konnte sie in diesem Zustand nicht lassen, deshalb sagte ich: »Was ist los, Kleines? Warum wendest du dich von mir ab? Ich wollte nur wissen, ob es für dich schön war.«

Judy zuckte nur mit der Schulter, eine andere Reaktion kam nicht. Ich klopfte sanft mit einem Finger auf ihren Oberarm. »Hey, Baby! Was ist los? Willst du mir nicht antworten?«

Wieder kam nur ein Achselzucken als Antwort, als ob sie meinen Finger abschütteln wollte. Ich mußte weiterreden: »Baby! Du brauchst dich nicht zu schämen! Das ist die natürlichste Sache der Welt! Du bist erwachsen, und dein Körper verlangt danach, daß du dich befriedigst. Das ist nichts, wofür man sich schämen müßte. Jeder macht das!«

Jetzt erst wandte sie sich – aber nur ein bißchen – mir zu, um mich mit einem Auge anzuschauen, indem sie den Arm, mit dem sie ihre Augen beschirmte, ein wenig angehoben hatte. »Nicht jeder!« sagte sie dann.

»Doch, jeder!« behauptete ich. »Jeder gesunde Mensch hat das Verlangen nach Befriedigung, das ist sozusagen ein Gesetz unseres Körpers, und wenn man keinen sexuellen Partner hat, haben wir zum Glück die Möglichkeit, uns selbst die unbedingt nötige Erleichterung zu verschaffen. Und deshalb macht es jeder.«

»Du aber nicht!« sagte Judy und ließ diesmal mehr von ihren Augen sehen.

»Aber doch!« beruhigte ich sie. »Natürlich mache ich das auch, wenn der Druck zu groß wird. Ich habe keine Frau, ich muß es mir selber machen.«

»Aber du...«, begann Judy, doch sie beendete den Satz nicht.

Ich weiß, was sie sagen wollte. Daß ich keine Muschi habe wie sie, deshalb kann ich nicht dasselbe machen. Deshalb erklärte ich ihr: »Ja, bei mir passiert das etwas anders, aber eigentlich ist es dasselbe. Ich sagte doch, jeder macht es.«

»Aber Mutti hat es nicht gemacht!« warf sie ein, und diesmal war Protest in ihrer Stimme.

»Doch, auch sie hat es gemacht. Als sie noch unverheiratet war, machte sie es regelmäßig wie jedes gesunde Mädchen, aber auch als wir schon miteinander verheiratet waren, machte sie es ab und zu, nur so zur Abwechslung.«

»Woher willst du das wissen?«

»Weil ich das gesehen habe!«

»Hast du sie etwa belauscht?« Judy schaute mich

ungläubig an und wandte sich mir ganz zu.

Es war klar: Jetzt, wo sie mich vermeintlich bei einem ‚Fehler', beim Belauschen meiner Frau erwischt hatte, mußte sie sich für ihren vermeintlichen Fehler auch nicht mehr so sehr schämen. Doch ich klärte sie auf: »Nein, ich habe sie nicht belauscht. Sie hat es mir gezeigt.«

»Aber warum?«

»Weil es einfach schön ist, jemandem, den man liebt, zuzuschauen, während er sich selbst große Freuden bereitet. Ich habe ihr auch gezeigt, wie ich es mache. Wir haben uns nicht all zu oft, aber manchmal voreinander befriedigt, was uns zusätzlich stimulierte, und wir haben uns danach herrlich geliebt.«

»Es ist also keine Schande?« frage Judy. »Und du bist mir nicht böse deswegen?«

»Nicht im Geringsten, mein Kleines«, sagte ich. »Im Gegenteil, ich bin froh und ich bin stolz, daß ich schon eine so große, erwachsene Tochter habe, die schon eine Frau ist.«

»Es stößt dich also nicht ab?«

»Ganz im Gegenteil«, versicherte ich ihr. »Es ist etwas sehr Schönes!«

»Also ich darf das machen?«

»Aber natürlich, mein Schatz. Immer wenn dir danach ist.«

»Und du willst mir dabei zuschauen?«

»Es ist nicht unbedingt notwendig, besonders wenn es dich stört. Aber wenn ich das sehe, dann freue ich mich für dich.«

»Ich will, daß du mir immer zuschaust«, sagte Judy.
Und ich wußte, meine Qualen würden sich nur noch vervielfachen.

Der Mann beginnt, mir zu gefallen. Er zeigt eine überdurchschnittliche Intelligenz. Es war meisterhaft, wie er seine Tochter beruhigte; ein geschulter Psychologe hätte es nicht besser tun können. Ich kann mir vorstellen, welche Qualen er ausgestanden hat, und ich vermute, nach dieser Episode warteten noch größere Qualen auf ihn. Aber ich weiß auch, daß solche Qualen manchmal ganz süß schmecken können.

VI

Wenn ich befürchtete, daß ich demnächst große Schwierigkeiten bekommen würde, hatte ich mich geirrt. Die Schwierigkeiten gestalteten sich kolossal! Das begann gleich am nächsten Morgen. Ich stand neben Judys Bett und streichelte ihre Wange. »Schätzchen, aufstehen! Die Sonne scheint dir auf den Bauch!«

Da sprang Judy aus dem Bett, ihr Nachthemd verrutschte, eine ihrer Brüste war entblößt, aber sie kümmerte sich nicht darum. (Ja, was ist eine nackte Brust, wenn sie sich vor den Augen ihres Vaters befriedigen darf?) Sie fiel mir um den Hals und drückte einen Kuß auf meine Wange. Bis dahin wäre alles in Ordnung gewesen, wenn sie sich nicht so fest an mich gedrückt hätte. Aber ihre Umarmung war wie eine eiserne Klammer, und sie schmiegte sich mit ihrem ganzen Körper an mich. Daß das warme, frische, weiche Mädchenfleisch meinen Schwanz sofort zum Stehen brachte, war eine nur verständliche Reaktion auf diesen Überfall.

Selbstverständlich versuchte ich, mich ihrer Umarmung zu entziehen, sie hielt mich jedoch mit ihren um meinen Hals geschlungenen Armen eisern fest. Ich versuchte, zumindest meinen Arsch etwas nach hinten zu ziehen, damit sie die Härte meines stehenden Pimmels nicht spürt, aber ihr Körper folgte dem meinen. Mir schien, als ob sie ihren Unterkörper wissentlich gegen meinen Harten drückte. Nur mit Gewalt gelang es mir, mich von ihr loszureißen; um meine Verlegenheit zu verbergen – und auch meine Befreiungsversuche zu rechtfertigen – habe ich sie angeherrscht: »Mäuschen, es ist schon ziemlich spät. Du mußt dich beeilen, damit du dich nicht verspätest!«

Wenn ich dachte, ich hätte das Schlimmste schon überstanden, befand ich mich wieder im Irrtum. Als sie aus der Schule nach Hause kam, fiel sie mir wieder um den Hals. »Mein einziger, lieber Daddy! Ich bin da!« (Als ob ich das nicht bemerkt hätte!) Sie umarmte mich genauso fest wie am Morgen und küßte mich. Ich hielt ihr meine Wange hin, aber sie suchte mit spitzem Mund meine Lippen. Als ich meinen Kopf zur Seite drehte, erfaßte sie ihn mit beiden Händen und drückte mir einen feuchten Kuß direkt auf die Lippen.

»Judy, man küßt seinen Vater nicht auf den Mund!« versuchte ich sie zurechtzuweisen.

Doch die freche Göre schaute mich mit großen Augen an. »Warum nicht?«

Was sollte ich ihr sagen? Daß man nur seinen Geliebten so küßt? Oder daß es mich erregt und meinen Schwanz zum Stehen bringt (was tatsächlich der Fall war)? In meiner Not habe ich das Blödeste gesagt, was nur möglich war: »Weil es sich nicht ziemt!«

Der Nachmittag verlief ziemlich ruhig. Abends setzte ich mich vor den Fernseher, es lief gerade ein Fußballmatch. Ich weiß nicht mehr, welche Clubs spielten. Ohne zu Zögern warf sich Judy auf meinen Schoß. »Darf ich das Spiel auch sehen?«

»Ja, Kleines.« Ich schubste sie von meinem Schoß. »Aber nur, wenn du ruhig auf der Couch sitzen bleibst.«

»Warum darf ich nicht auf deinem Schoß sitzen?« fragte sie schmollend. »Früher durfte ich da sitzen.«

»Ja, Kleines, aber da warst du noch ein kleines Mädchen, und jetzt bist du eine fast erwachsene Frau«, sagte ich, das Wort *fast* besonders betonend. »Und außerdem bist du schon zu groß dazu«, fügte ich noch hinzu, um einen gewissen Schein zu wahren, »und auch zu schwer für mich. Außerdem möchte ich das Spiel sehen, und dein Kopf verdeckt mir die Sicht.«

Judy sagte nichts, aber sie starrte mürrisch vor sich hin. Dann sprang sie auf und lief in die Küche. Was sie dort machte, weiß ich nicht, weil ich kein Geschirr klappern hörte, und am nächsten Morgen stand noch das Geschirr vom Abendessen schmutzig auf dem Küchentisch.

Dann legten wir uns zum Schlafen. Und da begann mein Alptraum. Ein schöner Alptraum, doch er zerfetzte fast meine Nerven. Kaum lagen wir nämlich im Bett, das sagte Judy plötzlich: »Gilt noch, was du gestern gesagt hast?«

Ich wußte im ersten Moment nicht, worauf sie anspielte, deshalb bestätigte ich: »Was ich sage, gilt immer.«

»Gut!« Judy lächelte mich an. »Ich bin irgendwie erregt, ich möchte mich jetzt befriedigen. Ist das okay?«

»Aber ja, Kleines«, sagte ich und merkte, daß mich ein Kloß im Hals würgte.

»Willst du mir dabei zuschauen?« setzte Judy meine Tortur fort.

Mein Schwanz stand schon, bei diesen Worten wurde er aber steinhart und spannte. »Es ist nicht unbedingt notwendig«, versuchte ich, mich vehement aus dem Fegefeuer zu befreien, »vielleicht würde dich das nur stören.«

»Ich möchte aber, daß du mir dabei zuschaust«, entgegnete Judy, »dadurch wird die Sache noch schöner.«

Ich war dumm genug zu fragen: »Wieso?«

Judy hatte die Antwort parat: »Weil es aufregend ist, wenn ein Mann dabei zuschaut.«

»Woher weißt du das?« wollte ich wissen.

»Sue hat mir das gesagt.«

»Wer ist Sue?«

»Sie ist eine Schulkameradin. Sie sagte das. Sie hat das immer vor ihrem Vater gemacht, und das erregte sie beide.«

Mir stockte der Atem. Also gibt es solche Probleme auch in anderen Familien. Ich merkte dabei nicht, daß sie das in der Vergangenheit ausgedrückt hatte.

»Aber ich bin für dich doch kein Mann«, versuchte ich, das Schlimmste noch abzuwenden.

Aber Judy war anscheinend aufgeklärter, als ich das mit den naiven Augen des Vaters sah, denn sie konterte sofort: »Doch, du bist ein Mann. Und dich erregt es auch. Du atmest so schnell.«

»Nein, das erregt mich nicht, mich regt nur auf, wenn meine Tochter solche Sachen sagt. Also gut, ich werde dir dabei zuschauen. Aber bitte, denk dabei nur an dich selbst, so, als ob ich gar nicht dabei wäre.«

Judy warf mir einen dankbaren Blick zu, dann schlich ihre rechte Hand unter die Bettdecke. Mit der linken Hand befreite sie eine Brust aus dem Ausschnitt ihres Nachthemdes und begann, sie zu massieren und die Brustwarze zu reizen. Das Bild, das sie mir bot, machte mich fast wahnsinnig. Wahnsinnig vor Erregung, und ja, das ist wahr, wahnsinnig vor Verlangen. Ihre Brust, diese große, feste Schönheit, die der ihrer Mutter ähnelte, sandte all mein Blut in meinen Schwanz, den ich unter der Decke mit einer Hand umklammert hielt. Ihre rechte Hand begann sich unter der Decke zu bewegen. Erst nur ganz langsam, dann wurden die Bewegungen immer heftiger. Sie schloß die Augen, ihre Wangen begannen zu glühen; mit halb offenem Mund atmete sie tief und immer lauter, manchmal erzitterten ihre blutroten Lippen. Als die Lust in ihr anscheinend höher stieg, saugte sie ihre Unterlippe ein und hielt sie zwischen ihren weißen Zähnen gefangen.

Ich merkte, daß auch mein Atem immer schneller ging, denn die Szene vor meinen Augen erregte mich unheimlich. Meine Erregung wurde auch dadurch größer, daß ich wußte, daß sich diese Erregung auf die übliche Weise nicht lösen läßt. Mit meiner Hand begann ich, die Haut an meinem Schwanz langsam zu bewegen, sonst hätte ich die Spannung nicht ertragen können, und die Lust verbreitete sich sofort in meinem Pimmel. Mein Gewissen sagte mir zwar, daß ich mich durch meine eigene Tochter nicht erregen durfte, aber der werfe den erste Stein, der in dieser Situation anders hätte reagieren können.

Judys Bewegungen wurden immer heftiger. Sie muß sie in vollen Zügen genossen haben, denn sie stöhnte schon ziemlich laut. Auch mit ihren Beinen machte sie heftige Bewegungen, wodurch ihre Decke immer weiter nach unten rutschte, und plötzlich lag ihr Unterleib unbedeckt vor meinen Augen. Das Nachthemd hochgeschoben bis weit über den Nabel, war sie unten völlig unbedeckt. Die sich ständig bewegenden Beine waren etwas gespreizt, so daß sich ihre leicht behaarte Muschi mit der Spalte meinen Augen offenbarte. Und ihr Finger wühlte in dieser Spalte, deren lachsfarbenes Inneres ab und zu sichtbar wurde. Sie streichelte ihren Kitzler, der sich deutlich aus seiner Haube streckte, aber zwischendurch steckte sie ihren Finger auch in ihre kleine Fotze, um ihn anzufeuchten, dann kehrte er zu ihrem Kitzler zurück.

Ich habe es kaum bemerkt, daß inzwischen auch ich meinen Schwanz regelrecht gewichst habe, aber nur mit kleinen, kurzen Bewegungen, damit die Bettdecke mein Tun nicht verriet.

Judy öffnete plötzlich ihre Augen und schaute mich an. »Ach, Daddy, lieber, süßer Daddy, es ist so schön, daß du mir zuschaust! Es erregt mich so sehr! Daddy! Daddy! Ach, ich bin gleich so weit! Ja! Jaaaaa!

Jetzt, Daddy! Jetzt!« Und sie warf ihren Unterleib in die Höhe, machte einige kurze, stoßartige Beckenbewegungen, dann sank sie zurück aufs Bett. Ihre Hand blieb regungslos auf ihrer Scham liegen und bedeckte sie.

Zu meiner Schande muß ich gestehen, daß es in dem Moment, wo es für Judy am Schönsten war, auch bei mir losging; mein Pimmel begann zu pulsieren, und ich konnte die Ejakulation nicht verhindern. Es spritzte in mehreren, sehr lustvollen Schüben aus mir heraus. Zwei Sachen erwiesen sich dabei als sehr hilfreich: Erstens, daß ich noch rechtzeitig das Taschentuch, daß ich immer unter meinem Kopfkissen habe, mit meiner Hand erreichen und vor meine Eichel halten konnte, um meinen Samen darin aufzufangen. Und zweitens, daß Judys Lustschreie so laut waren, daß mein ebenfalls lautes, wenn auch unterdrücktes Stöhnen bei der Ejakulation in ihren Schreien unterging.

Judy lag eine Zeitlang mit geschlossenen Augen da. Ihr Atem normalisierte sich langsam. Dann öffnete sie die Augen, die mich sofort anstrahlten. »Ach, Daddy, es war noch nie so schön wie jetzt! Ich dachte, ich muß sterben! Es war so schön zu wissen, daß du mir zuschaust!«

Sie setzte sich plötzlich auf. Ihre Brust ragte immer noch aus dem Ausschnitt des Nachthemdes. Sie umarmte mich heftig und drückte einen heißen Kuß auf meine Lippen. Diesmal habe ich mich nicht gewehrt, nur als sie ihre Zunge in meinen Mund zu schieben versuchte, wehrte ich ab. Aber lange hielten wir unsere Lippen aneinandergedrückt. Ich war glücklich, daß ich vorhin abgespritzt hatte, sonst wäre es mir jetzt bestimmt gekommen.

VII

Der nächste Abend gestaltete sich wie der vorherige. Kaum waren wir im Bett, begann Judy wieder mit dem Masturbieren, und ich sollte ihr dabei zuschauen. Gut, ihr zuliebe habe ich es gemacht. Ich würde lügen, wenn ich sagte, ich wollte es nicht. Der Vater in mir sagte, es ist nicht richtig, es ist nicht erlaubt, aber der Mann in mir war voller Sehnsucht nach dieser aufblühenden Rose, die ich meine Tochter nannte. Am liebsten hätte ich mich auf sie geworfen, um sie zu nehmen, so groß war meine Sehnsucht nach einer Umarmung. Doch der Vater in mir war stärker, während der Mann an den unterdrückten Trieben litt.

Mittendrin, als Judys Lust sich immer mehr steigerte, streckte sie plötzlich ihre beiden Arme aus und sagte: »Ach, Daddy, komm, fick mich! Fick mich, lieber Daddy!«

Ich war nahe dran, in Ohnmacht zu fallen. Noch nie hatte Judy solche Worte vor mir benutzt. Ich wußte, daß ihr solche Worte nicht unbekannt waren, denn die Jugend kennt und verwendet sie alle, doch die Achtung vor mir verbot ihr, solche Ausdrücke vor ihrem Vater zu verwenden. Jetzt aber, im Fieber der Lust, brach es aus ihr heraus: »Daddy, fick mich!«

Alles, was ich auszusprechen imstande war, war ein Ablenkungsmanöver. »Mein Kind, das ist nicht möglich. Mach schön weiter, Liebling, du wirst sehen, es wird sehr schön sein.«

Sie gehorchte und fuhr mit der Masturbation fort, bis sie ihren Höhepunkt erreichte. Dann lag sie stumm, mit geschlossenen Augen und halb bedeckt da. Plötzlich sagte sie mit sanfter Stimme: »Du liebst mich nicht!«

»Red nicht so, mein Engel«, sprach ich. »Du weißt, daß du mein Ein und Alles bist. Außer dir habe ich niemanden auf dieser Welt. Ich würde, wenn nötig, auch mein Leben für dich opfern, so sehr liebe ich dich!«

»Warum willst du mich dann nicht ficken?« fragte sie, und mir blieb auch diesmal die Puste weg.

Nur schwer konnte ich einige Worte aus meiner Kehle herauspressen: »Weil ich dein Vater bin. So etwas ist zwischen nahen Verwandten nicht möglich, das wäre Inzest. Ich weiß, daß sich dein Körper nach einem Mann sehnt, das ist ganz normal. Eines Tages wirst du auch jemanden finden, den du genügend lieben wirst, um dich ihm zu schenken. Aber derjenige kann nicht dein Vater sein.«

»Das ist nicht wahr!« protestierte Judy.

»Wer hat dir so was gesagt? Und wer hat dir übrigens diese Worte beigebracht? Noch nie habe ich gehört, daß du solche Worte in den Mund nimmst. Wer beeinflußt dich so?«

»Sue«, sagte Judy. »Sue ist meine beste Freundin in der Schule. Sie hat mir geholfen, als ich ihr erzählte, daß ich solche Sehnsüchte in meinem Körper fühle, die mich nicht schlafen lassen. Sie hat mir beigebracht, wie ich mich befriedigen kann.«

»Sie hat dir das beigebracht? Wie hat sie das getan?« wollte ich wissen.

»Na, eines Nachmittags war ich bei ihr, wir haben zusammen Hausaufgaben gemacht, und da habe ich von meinen Qualen gesprochen. Daraufhin hat sie mir alles erklärt. Sie zog ihr Höschen aus und zeigte mir, wie sie das macht. Dann habe ich es auch versucht, aber ich war sehr tolpatschig, deshalb hat sie mir es einmal gemacht. Da habe ich zum ersten Mal gespürt, wie schön es sein kann.«

Ein neuer Abgrund tat sich vor mir auf. »Hat sie dich berührt?« fragte ich. Und kurz darauf, um Mißverständnisse zu vermeiden: »Dort berührt?«

»Aber ja«, lachte Judy. »Wir machen es uns manchmal gegenseitig. Das ist auch sehr schön.«

Mein Herz verkrampfte sich. »Seid ihr vielleicht lesbisch?« sprach ich die Frage aus, die mir auf der Seele brannte.

»Aber nein!« Judy lachte wieder. »Es ist manchmal angenehm, es mit ihr zu machen, aber ich sehne mich danach, mit einem Mann zusammen zu sein. Daß mich jemand fickt. Daß mich jemand zerreißt! Am liebsten du, Daddy! Und Sue fickt regelmäßig.«

»Hat sie einen Freund?« fragte ich.

»Nein, das würde ihr Vater nie erlauben.«

»Dann macht sie das heimlich?«

»Aber nein! Sie wird regelmäßig von ihrem Vater gefickt!«

»Das glaube ich nicht!« brach es aus mir heraus.

»Doch, das ist wahr«, beteuerte Judy. »Sie hat mir alles genau erklärt.«

Mir fiel nichts ein, was ich hätte sagen können. Wie verdorben doch die heutige Jugend ist, dachte ich. Zu meiner Zeit wären wir nie auf solche Gedanken gekommen. Doch dann fielen mir die wenigen erotischen Romane ein, die ich früher zusammen mit meiner geliebten Frau, gelesen habe. In diesen wurden solche inzestuöse Sachen geschildert, und sie haben uns seinerzeit auch sehr erhitzt. Doch ich dachte, das seien nur Romane und keine Wirklichkeit. Jetzt öffnete sich vor mir eine neue, andere Wirklichkeit.

Es fiel auch kein Wort zwischen uns mehr. Judy schlief bald ein, sie hatte ihre Befriedigung. Ich stand leise auf, schlich ins Badezimmer und wichste, bis es aus meinem Schwanz herausspritzte.

Am nächsten Abend zeigte Judy keinerlei Anzeichen sich zu befriedigen. Sie gab mir einen Gutenachtkuß, wobei sie versuchte, mich auf den Mund zu küssen (was ihr auch gelungen ist), und ich knipste die Lampe aus. Schlafen konnte ich nicht, und an Judys Atmen hörte ich, daß sie auch nicht schlafen konnte. Ich kannte sie genau, denn – außer den Zeiten, die ich an der Arbeit und sie in der Schule verbrachte – waren wir ständig zusammen. Meine Gedanken drehten sich um die Entwicklung, die nicht nur Judy durchlief, sondern die auch unser Verhältnis zueinander in der letzten Zeit anscheinend grundsätzlich veränderte.

Dann plötzlich fragte ich: »Schläfst du, Kleines?«
Ich weiß, das ist die dümmste Frage der Welt, da man diese Frage nur mit einem Wort, und zwar mit einem Nein beantworten kann. Und Judy sagte auch: »Nein, Daddy, noch nicht.«

»Du, Kleines, ich ... ehm ... ich dachte, es wäre besser, wenn du mit dieser Sue keine so enge Freundschaft hältst.«

»Warum nicht, Daddy?«

»Ich glaube, ehm ... sie übt keine gute Wirkung auf dich aus. Sie redet dir Sachen ein ...«

»Was für Sachen, Daddy? Sie hat mir beigebracht, was – wie du selbst gesagt hast – die natürlichste Sache der Welt ist. Ja, du sagtest auch, es sei sehr nützlich und daß du und auch Mutti das schon immer gemacht haben.«

»Ja, das stimmt, Liebste, aber die Sache mit ihrem Vater gefällt mir nicht. Sie hat dir Sachen in den Kopf gesetzt, die ich nicht für richtig halte.«

»Warum, Daddy? Sie liebt ihren Vater, und ihr Vater liebt sie. Und sie geben einander das, was, wie sie sagt, das größte Glück auf der Welt ist.«

»Sie könnte das mit einem netten Jungen auch erleben«, entgegnete ich.

»Das will ihr Vater nicht. Er liebt sie, und er will nicht, daß ihr ein unbeholfener Junge mal Schmerzen verursacht oder sie nur ausnützt. Wenn mal einer kommt, ein ernsthafter Mann, mit dem sie glücklich werden kann, dann wird er sie diesem überlassen. Bis dahin aber will er sie glücklich machen, und er braucht sie auch. Er ist geschieden, auch er braucht eine Frau.«

Es entstand eine kurze Pause, in der ich über das Gehörte nachdachte. Dann fuhr aber Judy fort: »Wie glücklich könnten auch wir beide sein. Ich liebe dich sehr, ja, ich habe das Gefühl, daß ich in dich verliebt bin, Daddy. Für mich bist du doch der schönste, der klügste und der beste Mann auf der Welt. Ich bin kein kleines Mädchen mehr, Daddy, ich bin schon eine Frau. Ich fühle auch so. Und ich habe Sehnsucht nach dir. Ich möchte, daß du mich in deine Arme nimmst, daß du mich lieb hast, daß du mich küßt, daß du mich fickst, damit auch ich einmal spüre, was für ein Glücksgefühl es ist, von einem geliebten Mann gefickt zu werden.«

Noch nie habe ich Judy so sprechen gehört. So leidenschaftlich, so erwachsen.

»Mein Engel, auch ich liebe dich über alles«, sagte ich, und ich spürte, daß meine Kehle wie zugeschnürt war, so daß die Worte nur sehr heiser über meine Lippen kamen. »Auch ich habe Sehnsüchte. Auch ich bräuchte eine Frau, aber ich habe mir keine genommen, weil ich dir keine Stiefmutter zumuten wollte.«

»Dann nimm mich«, bat Judy, und in ihrer Stimme schwang soviel Sehnsucht, daß ich für eine Sekunde fast schwach wurde.

Doch dann habe ich mich zusammengerissen. »Nein, Liebste, das ist nicht möglich. Wenn du einen netten Jungen findest...« Weiter kam ich nicht.

»Ich will keinen Jungen!« donnerte Judy fast schreiend. »Ich will dich und niemanden anderen! Ich sehne mich so danach! Meine Muschi hat Fieber und ist so feucht, ich brauche ... ich brauche ...«

»Dann befriedige dich, mein Schatz, und du wirst sehen, es wird alles sofort besser.«

Judy knipste die Lampe an. »Aber ich will, daß du mir dabei zuschaust!« Und sie warf die Decke von sich. Sie schob das Nachthemd ganz hoch und entblößte ihren Unterkörper. Sie spreizte die Beine und begann, ihre Muschi zu massieren. Ich starrte sie an. Mein Schwanz war steinhart und fast schmerzhaft gespannt. Ich umklammerte ihn unter der Decke mit meiner Hand und begann, ihn zu wichsen. Ich übernahm den Rhythmus von Judys Hand. Judy warf ihren Körper in ihrer Ekstase hoch, und mit vehementer Schnelligkeit bearbeitete sie ihre Schamlippen und ihren Kitzler. Sie stöhnte laut. Sie ließ kleine Schreie hören. Und auch ich konnte meine Lustschreie kaum unterdrücken.

»Fick mich, Daddy!« bettelte Judy. »Fick mich endlich! Ich brauche dich!«

»Das geht nicht, mein Kind«, sagte ich mit röchelnder Stimme.

»Dann liebst du mich nicht!« schrie Judy.

Was danach kam, war das absolute Chaos.

»Ich liebe dich nicht, sagst du?« schrie ich. »Ich liebe dich nicht? Ich verzichte dir zuliebe auf eine Frau, und du sagst, ich liebe dich nicht? Ich will dich nicht ficken, eben, weil ich dich liebe! Verstehst du das nicht? Meinst du, ich hätte keine Sehnsüchte? Ich brauche die Befriedigung ebenso wie du!«

Ich warf die Decke von mir, so daß Judy meinen Pimmel, auf dem meine Hand rauf und runter flog, klar sehen konnte.

»Schau, wie ich das brauche! Wie ich mich quäle! Schau, wie gespannt mein Schwanz ist, daß es vor Sehnsucht weh tut! Schau, wie ich ihn bearbeiten muß, um zu etwas Lust und Befriedigung zu kommen. Meinst du, ich möchte mich nicht auf deine Fotze werfen und dich durchficken? Ich muß aber verzichten, weil ich dein Vater bin und weil ich dich liebe! Ja, ich liebe dich, ich … ich … ach … ach … ich kann es nicht zurückhalten … ich … liiiiiiiiiiiebe dich!«

Und aus meiner Schwanzspitze sprudelte eine Fontäne nach der anderen, und ich sah, vor Lust röchelnd, wie mein Samen in hohem Bogen in die Luft schoß und alles um mich herum vollspritzte.

Ich nahm wie durch einen Nebel wahr, daß Judys Augen sich auf meinen Schwanz richteten, während sie mit mir gleichzeitig ihren Höhepunkt erlebte. Dann legte ich mich auf den Rücken, nach Luft schnappend, lange, wortlos. Nach einer Weile zog ich die Decke über mich.

Judy setzte sich auf. Sie beugte sich über mich, küßte mich auf den Mund und sagte: »Armer Papa! Ich liebe dich!« Dann legte sie sich hin.

Wie wir in den Schlaf hinübergeglitten sind, habe ich nicht mehr wahrgenommen.

Du meine Güte! Der arme Kerl hat es wirklich nicht

leicht. Ich kann die beiden verstehen: In dem Mädchen wütet die Natur, die auch den Vater quält, er ist aber in der Konvention gefangen. Er ist in einer Zeit aufgewachsen, in der sich die Jugend langsam von den Fesseln der Viktorianischen Moralvorstellungen zu befreien begann, aber noch nicht zu einer Stufe aufsteigen konnte, die ermöglicht, alle alten Zöpfe abzuschneiden. Ich hoffe nur, daß sich die Dinge im Weiteren so entwickelt haben, daß ich den armen Mann von unnötigen Gewissensbissen befreien kann.

VIII

Am nächsten Morgen wagte ich es nicht, Judy in die Augen zu schauen. Doch sie kam mit tänzelnden Schritten in die Küche, umarmte mich und küßte mich auf den Mund. Ich habe mich nicht gewehrt. Auch dann nicht, als sie sich ganz eng an mich schmiegte. Ich dachte, wenn sie schon meinen Pimmel spritzen gesehen hat, kann sie auch ruhig spüren, wie hart er ist. Zwischen die Beine bekommt sie ihn nicht; ich werde mit meiner Tochter keine Blutschande treiben!

Es steht auf einem anderen Blatt, daß mir die ganze Zeit nichts anderes im Kopfe herumschwirrte als eben die Blutschande mit ihr. Doch ich war überzeugt, daß ich stark genug sein würde, mich gegen solche Gefühle zu wehren.

Trotz aller Entschlossenheit hatte ich Angst vor dem nahenden Abend. Wer weiß, was sich mein Kind noch ausdenkt, um meine Qualen, das heißt meine absolut unerfüllbaren Sehnsüchte, anzustacheln. Aber als sie aus der Schule nach Hause kam, schien sie ganz ruhig zu sein, ganz das Kind, das ich bislang kannte: ein sorgloser Teeanger. Das änderte sich auch am Nachmittag nicht, ja, sogar am Abend, beim Fernsehen, saß sie artig neben mir und hielt zwei Handbreit Distanz zwischen unseren Körpern. Nur als ein sentimentaler Ausschnitt über den Bildschirm flimmerte, legte sie ihren Kopf auf meine Schulter. Das war aber auch alles.

Ich war erleichtert. Anscheinend hatte sich die ganze Erregung bei ihr gelegt, und ich fand es gut so.

Dann gingen wir zu Bett. Sie sagte artig: »Gute Nacht, Daddy«, und gab mir einen Kuß auf den Mund, aber nur einen flüchtigen.

»Schlaf gut, mein Kind«, erwiderte ich und knipste die Lampe aus.

Ich dachte, sie wäre schon eingeschlafen, doch plötzlich hörte ich sie sagen: »Daddy, bist du noch wach?«

»Ja, mein Schatz.«

»Daddy, Sue sagte, es ist blöd, wenn wir uns quälen. Wenn wir schon nicht miteinander schlafen, könnten wir zusammen wichsen. Wenn das schon einmal passiert ist und keiner von uns daran gestorben ist, spricht nichts dagegen, daß wir es immer machen.«

Ich hatte das Gefühl, daß mein Herz für eine Sekunde aufgehört hat zu schlagen. »Du hast mit Sue darüber gesprochen?«

»Warum denn nicht? Sie ist doch meine beste Freundin, sie verheimlicht auch nichts vor mir. Und außerdem will sie mir nur helfen.«

»Aber mein Kind, über solche Dinge spricht man nicht mit Fremden. Ja, es ist passiert, daß ich mich vor dir entblößt habe, aber nur, weil du mich aus der Fassung gebracht hast. Wie stellst du dir das vor, und wie stellt sich das deine Freundin vor?

»Na, einfach so, daß du mir beim Wichsen zuschaust und selbst dabei auch dasselbe machst, und ich schaue dir dabei zu. Dadurch geilen wir uns gegenseitig auf, und unser Genuß wird dann um so größer, sagt Sue.«

»Du, Judy, ich schnappe mir mal diese Göre und verprügele sie ordentlich. Wie kommt sie dazu, uns solche Ratschläge zu geben!«

»Aber Daddy, ich bin doch kein Kind mehr. Ich werde auch nicht ‚Pipimännchen' sagen, wenn ich deinen Schwanz sehe. Habt ihr, du und Mama, solche Worte nie gebraucht?«

Ich spürte, daß ich errötete, und ich hatte das Gefühl, daß dies auch in der Dunkelheit zu sehen war.

»Jaaa«, sagte ich zögernd, »manchmal schon, wenn man sich liebt, dann können solche Wörter schon fallen.« Ich merkte, wie ich zu stottern anfing.

»Du, Daddy«, hörte ich Judy sagen, »jetzt hätte ich große Lust dazu. Kann ich?«

»Wenn dir danach ist, mein Kleines. Ich sagte dir doch, daß du es jederzeit machen darfst.«

»Aber nur, wenn du es auch machst«, bettelte sie. »Sue sagte, du brauchst es unbedingt, jeder Mann braucht es. Der Samen muß herauskommen, man kann ihn nicht ausschwitzen.«

»Na, das ist schon zuviel des Guten«, empörte ich mich. »Will diese Göre bestimmen, was wir zu tun und zu lassen haben?«

»Sie will nur Gutes«, versuchte Judy mich zu besänftigen. »Sie weiß viel mehr als ich, sie hat schon Erfahrungen. Sie weiß, was ein Mann braucht, und sie weiß auch, wie ich dich liebe, wie ich dich brauche. Und daß ich es mir wünsche, es mit dir zusammen zu tun.«

»Na gut.« Ich ergab mich meinem Schicksal. Da Judy schon gesehen hat, wie ich abgespritzt habe, können wir uns genauso gut im Schutz der Dunkelheit selbst befriedigen. Ihr tut es gut, ich brauche es auch. Also?

Judy aber schaltete das Licht der Nachttischlampe ein. »Ich will dich dabei sehen«, sagte sie, »und ich will, daß du mich auch siehst. Es erregt mich sehr, wenn du mein Fötzchen siehst.«

Was hätte ich machen können? Judy warf die Decke zurück. Jetzt sah ich, daß sie splitterfasernackt dalag. Das kleine Biest hatte sich für diese nächtliche Session anscheinend vorbereitet. Wahrscheinlich auf Rat dieser kleinen Hure, dieser Sue.

Judy drehte sich so, daß ich direkt in ihre kleine Fotze sehen konnte. Ihre Schamlippen waren angeschwollen, sie standen halb geöffnet, als sie ihre Beine weit spreizte. Mit zwei Fingern, die sie wie die Schenkel einer Schere hielt, öffnete sie ihre Schamlippen, so daß das ganze rosa Innere sichtbar wurde: Die inneren Schamlippen, die ebenfalls geöffnet waren, der Eingang zu ihrer Lustgrotte und der Kitzler, der sich aus seiner Haube schälte und nun stolz herausragte. Genau wie bei ihrer Mutter, dachte ich. Judy tauchte jetzt einen Finger der anderen Hand in die sichtbar feuchte Öffnung, und dann begann sie, damit ihren Kitzler gefühlvoll zu streicheln.

Es war kein Wunder, daß auch mein Schwanz sich steil aufrichtete. Und da er bereits aus dem Schlitz der Pyjamahose ragte, schob ich sie nach unten. Mit einer Hand umklammerte ich meinen harten Pimmel und begann, ihn langsam zu wichsen. Wellen der Lust durchströmten meinen Unterkörper. Gar nicht dumm, diese Sue, dachte ich. Meine Augen fest auf Judys Fötzchen geheftet, begann ich, meinen Schwanz schneller zu wichsen. Es war seit Jahren das beste Gefühl, das ich verspürt habe. Meine Erregung stieg immer höher, aber auch an Judys Bewegungen, und vor allem an den Tönen, die sie von sich gab, war zu erkennen, daß sie sich ihrem Höhepunkt näherte. Und tatsächlich, bald begann sie zu stöhnen. »Ach Daddy, es ist so guuuut! Gleich kommt es mir! Komm, streichle ein bißchen meine Brust!« Und sie rutschte näher an mich heran, so daß ich, ohne darüber auch nur nachzudenken, wozu ich in diesem Moment sowieso nicht fähig war, mit meiner linken Hand ihre Brust erfassen konnte.

Sanft schmiegte sich der wunderbare Hügel in meine Hand, und es war ein unendlich schönes Gefühl, ihre Brust zu berühren, zu streicheln und zu kneten. Ich dachte gar nicht daran, daß ich mit dem Körper meines leiblichen Kindes spielte. Mit der Routine, die noch aus den Zeiten stammte, als ich die Brüste meiner geliebten Frau liebkosen durfte, bearbeitete ich Judys Brust. Und sie begann zu keuchen: »Jetzt, Daddy! Jetzt! Mir kommt's! Jaaaaaaah! Jaaaaaaah! Ach, lieber Daddy!« Und sie zerfloß in Wollust.

Auch in mir stieg die Lust hoch, so daß ich sofort hätte abspritzen können. Aber die lange entbehrten Lustgefühle wollte ich so lange wie nur möglich genießen. Wenn ich schon so etwas mache, was in meinen Augen überhaupt nicht richtig ist, dann möchte ich es auch auskosten. Deshalb verlangsamte ich die Bewegungen meiner Hand.

Judy spurtete bereits zum zweiten Höhepunkt. Diesmal ging es bei ihr noch viel schneller, sie war anscheinend in Fahrt gekommen. Bald meldeten sich auch ihre kleinen, spitzen Schreie und dann der Schrei: »Daddy...!«

Ich wollte mit ihr zusammen kommen, doch ich verpaßte irgendwie das Tempo, so daß ich noch weitere etwa zwanzig Sekunden brauchte, bis auch mein Pimmel zu klopfen begann und ich laut röchelnd und schreiend meinen Samen verspritzte. Ich habe keine Vorkehrungen getroffen, so flutschten die Fontänen mit gewaltigem Druck aus meiner Schwanzspitze hoch heraus und fielen auf meinen Bauch zurück.

Ich war außer Atem. Ich konnte mich nicht erinnern, wann ich zuletzt diese Wonne, diese Lustgefühle erleben durfte. Es war überwältigend! Ich sah dabei, daß Judys Augen fest auf meinen spritzenden Pimmel geheftet waren, aber auch das verstärkte meine Lustgefühle nur noch mehr.

Ich lag dann mit geschlossenen Augen da. Plötzlich spürte ich Hände auf meinem Schwanz. Ich öffnete die Augen. Judy hielt mit einer Hand meinen Pimmel, der seine Steifheit noch nicht verloren hatte, in der Hand, und mit der anderen Hand, in der sie ein Papiertaschentuch hielt, säuberte sie sorgfältig erst meinen Schwanz, dann meinen Bauch von dem Sperma, das ich so reichlich herausgespritzt hatte. Eine Art Müdigkeit war über mich gekommen, so daß ich nicht einmal dagegen protestieren konnte, daß sie meinen Pimmel anfaßte. Ich ließ sie walten. Sie hielt meinen Schwanz, auch als er bereits ganz sauber war, noch länger in der Hand. Dann drückte sie ihr Gesicht darauf und küßte die Spitze meiner Eichel. Danach deckte sie mich zu wie eine treusorgende Gattin. Sie gab mir einen Kuß auf den Mund, wobei sie auch ihre Zunge in meinen Mund versenkte. Auch dagegen konnte ich mich nicht mehr zur Wehr setzen.

»Danke, Daddy«, sagte sie dann einfach. Sie legte sich hin, deckte sich zu und knipste das Licht aus. »Gute Nacht, Daddy«, hörte ich sie sagen, doch bevor ich hätte antworten können, versank ich schon in einen tiefen, traumlosen Schlaf.

IX

Am nächsten Tag konnte ich mich nicht auf meine Arbeit konzentrieren. Immerhin hatte ich in der Nacht davor zusammen mit meiner Tochter masturbiert. Es ist nicht gerade das, was man als ‚alltäglich' bezeichnen könnte. Vielleicht ist das gemeinsame Masturbieren mit einer Frau ein bißchen pervers, denn wenn schon, dann könnte man gleich ficken. Aber ich habe das seinerzeit auch mit meiner Frau gemacht, wenn sie ihre Tage hatte und es nicht zum Koitus kommen konnte oder wenn wir irgendwie Lust darauf hatten. Aber mit der eigenen Tochter? Mit dem eigenen Fleisch und Blut?

Doch ich wußte: Bei bei der nächsten Gelegenheit würde ich es wieder machen. Meine sexuelle Not war so riesig, auch die meiner Tochter, daß ich das in meinem Innersten als Entschuldigung für uns beide gelten ließ. Aber ich wußte gleichzeitig auch, daß dies die äußerste Grenze war. Bisher geschah alles ohne körperliche Berührung, so daß es sich zwar um eine gemeinsame Handlung mit einer Blutsverwandten handelte, doch zum Inzest war es nicht gekommen. Und es durfte auch nicht passieren.

Heute weiß ich, daß diese Überlegung etwa so viel Wert war wie das Versprechen eines Drogensüchtigen, wenn er sagt: „Ja, ich habe Marihuana geraucht, aber zu härteren Drogen werde ich nicht greifen.' Man bedenkt dabei nicht, daß Marihuana eine Einstiegsdroge ist, die quasi zum Aufstieg in die ‚höhere Klasse' dient.

Judy hat sich nach dieser Nacht besonders zurückhaltend benommen. Das hätte mich stutzig machen sollen. Ihr ruhiges Verhalten war mir auch am vorigen Tag aufgefallen, doch ich war froh, daß sie sich so verhielt. Lediglich ein einziges Mal umarmte sie mich und sagte: »Das war gestern sehr schön, nicht wahr? Heute abend machen wir das wieder, ja?« Und sie drückte mir einen leichten Kuß auf den Mund. Also war ich vorgewarnt.

Abends kam sie dann splitternackt aus dem Badezimmer und kroch ins Bett. Als ich sie daraufhin ansprach, schaute sie mich mit großen Augen an. »Was ist dabei, Daddy? Wir haben uns doch schon nackt gesehen, wir brauchen uns voreinander nicht zu schämen. Du hast mir immer gesagt, daß am menschlichen Körper nichts ist, wofür man sich schämen müßte!« Sie drehte sich so, daß ich direkt auf ihre geöffnete Muschel zwischen ihren gespreizten Beinen sehen konnte. »Oder findest du mich häßlich?« fragte mich die kleine Teufelin, und ihre Augen blitzten. Dann zog sie ihre Schamlippen auseinander und begann, mit der anderen Hand ihren Kitzler zu streicheln.

Mein Pimmel stand wie eine eiserne Säule, so begann ich – durch meinen eigenen Trieb, aber auch durch den Anblick der kleinen Fotze meiner Tochter angestachelt – meinen Schwanz zu streicheln. Die

Lust verbreitete sich in meinem Schwanz. Da flüsterte sie mir plötzlich zu: »Nicht wahr, Daddy, es war schön, als ich gestern deinen Schwanz sauber gemacht habe?« Das mußte ich natürlich bejahen. Da fuhr Judy fort: »Hat es dir gefallen, als ich deinen Schwanz angefaßt habe? War es ein schönes Gefühl, meine Hand darauf zu spüren?«

Ich brummte nur ein »Ehm« als Bejahung, und im nächsten Moment spürte ich, wie Judy mit ihrer Hand meinen Pimmel umklammerte. Sie schob einfach meine Hand weg. Und bevor ich überhaupt hätte protestieren können, begann sie, meinen Schwanz zu wichsen. Der Protest in mir wurde im Keim erstickt: Das Gefühl, ihre Hand an meinem Pimmel zu spüren, und die aufsteigende Lust, als sie meine Vorhaut hin und her schob, waren so überwältigend, daß ich fast abgespritzt hätte. Dann hörte ich gleich wieder ihre Stimme: »Dann ist es vielleicht am einfachsten, wenn wir es uns gegenseitig machen. Ist ja doch egal, oder?«

Im nächsten Moment kroch sie ganz dicht zu mir und führte meine Hand zu ihrer Muschi. Als wenn ich in heiße Lava gegriffen hätte, so fühlte sich die Berührung ihres Geschlechts an. Was meine Hand geführt hatte, weiß ich nicht, aber ich begann, Judys Fotze zu bearbeiten. Ich steckte einen Finger in ihr gieriges Loch, dann streichelte ich ihre inneren Schamlippen und schließlich ihre Klitoris. Ich habe die Spiele, die ich seinerzeit mit meiner Frau trieb, noch nicht ganz vergessen, doch ich verlor sichtlich an Übung, denn Judy griff zu und führte meine Hand an die Stelle, wo sie sie spüren wollte. Auch das Tempo meiner Bewegungen regelte sie mit ihrer Hand. Ich dagegen mußte ihrer Hand die Bewegungen beibringen, denn sie hatte offensichtlich keine Erfahrungen mit einem männlichen Glied. So kam es dann, daß wir uns gegenseitig befriedigten. Ich war wie benebelt; meine Triebe herrschten über mich, und ich war unfähig, einen klaren Gedanken zu fassen.

Bei Judy kam es zuerst zur Explosion. Sie begann plötzlich, laut zu jauchzen. Sie erfaßte meine Hand, mit der ich sie liebkoste, drückte einen meiner Finger vorsichtig in ihre Scheide und drückte meine Hand ganz fest an sich. »Jetzt! Daddy! Jetzt! Ach! Ach! Ich... ich..., oh Daddy!!!!« Sie überflutete meine Hand mit ihren Liebessäften.

Es dauerte nicht sehr lange, bis sie sich einigermaßen beruhigt hatte und weitermachen konnte. »Mach es mir weiter, Daddy, bitte!« sagte sie, und ich begann erneut, ihren Kitzler zu reizen. Auch sie fing jetzt an, meinen Pimmel zu bearbeiten, und ich muß gestehen, sie lernte sehr schnell. Ich erlebte den Himmel unter ihrer Hand. Es dauerte nicht allzu lange, bis sie ihren zweiten Orgasmus bekam. Auch diesmal war sie sehr laut, und auch diesmal begann sie, das Spiel fast ohne Pause fortzuführen.

Dann kam eine etwas längere Periode, in der wir uns völlig unseren Gefühlen ergaben. Nach so vielen Jahren der Entbehrung war es für mich der Himmel auf Erden, durch eine zarte Mädchenhand befriedigt zu werden und gleichzeitig mit meiner Hand in einer zarten Jungmädchenfotze wühlen zu können. Daß es die Fotze meiner eigenen Tochter war, daran habe ich im Rausch der Sinne gar mehr nicht gedacht. Es war einfach schön, eine süße Fotze betasten zu dürfen, während eine Mädchenhand meinem Pimmel himmlische Gefühle vermittelte.

Dann näherte sich Judy ihrem dritten Orgasmus. Diesmal wurde sie aber sehr wild. Sie warf ihren Unterleib in die Höhe und schrie ganz laut: »Fick mich, Daddy! Bitte, Daddy, fick mich! Ich brauche es so sehr! Fick mich! Fick mich, Daddy! Fick miiiiiiiiiiich!« Und sie sackte nach einem überwältigenden Orgasmus zusammen.

Ich war froh, daß ihr Orgasmus kam, bevor sie mich wirklich dazu gebracht hätte, mit ihr Blutschande zu begehen. Ich lag mit geschlossenen Augen auf dem Rücken und atmete schwer. Ich war der Ejakulation auch sehr nahe, als Judys Bewegungen auf meinem Schwanz aufhörten. Doch dann spürte ich, daß Judy meinen Pimmel erneut bearbeitete. Als es mir dann kurz darauf kam, sah ich, daß Judys Gesicht sich dicht vor meinem spritzenden Schwanz befand und sie mit aufgerissenen Augen meine Lustfontänen verfolgte.

Wir lagen eine Zeitlang, nach Luft schnappend, auf dem Rücken. Dann legte sich Judy ganz dicht an meine Seite. Sie küßte mich auf den Mund und fragte: »Darf ich heute nacht hier bei dir im Bett schlafen? Ich möchte es so sehr.«

»Natürlich, Mäuschen«, sagte ich.

Sie drückte sich daraufhin glücklich mit ihrem Rücken so gegen mich, daß sich mein Schwanz in der Kerbe ihres Arsches befand. Ich umarmte sie mit einer Hand, die ich auf ihre Brust legte. So lagen wir aneinandergeschmiegt, und in mein Herz kehrte irgendwie Ruhe ein. Ich wußte, es war nicht richtig, was wir taten, aber in diesem Moment fühlte ich mich unsagbar glücklich.

Erst nach eine Weile begann mein Gehirn wieder zu arbeiten. Mir war plötzlich klar, daß Judys Freundin, die kleine teuflische Sue, bei all dem, was zwischen Judy und mir geschah, Regie geführt hat. »Sag, Mäuschen«, begann ich, »hat dir deine Freundin Sue geraten, das zu tun, was wir taten?«

»Ja!« sagte Judy einfach. Aber noch bevor ich ihr eine Predigt hätte halten können, fragte sie: »War es nicht schön für dich?«

»Doch, doch«, sagte ich, »aber...«

Weiter kam ich nicht, denn Judy fiel mir ins Wort: »Sag, Daddy, warum willst du mich nicht ficken? Ich weiß, daß du es brauchst, und ich sehne mich auch danach. Warum bist du so stur?«

Ich erklärte ihr, was ich dachte und welche Einstellung ich hatte. Daß es Blutschande wäre, was nicht nur verboten ist (»Niemand soll das erfahren« war ihre Argumentation darauf), aber auch ich hielt es für nicht gesetzmäßig. Was würde ihre Mama sagen, wenn sie wüßte, daß ich mit ihr schlafe? Worauf Judy meinte, sie würde sich bestimmt freuen, daß wir beide glücklich sind. Aber ich sagte ihr ausdrücklich, daß wir bereits jetzt zu weit gegangen seien. Weiter könnten wir auf keinen Fall gehen. Wenn wir schon nichts ungeschehen machen können, sollten wir es wenigstens dabei belassen. Wie wir ja bewiesen haben, können wir auch auf diese zwar nicht ganz richtige, aber zumindest nicht ganz verwerfliche Weise unsere Triebe befriedigen, aber unsere Geschlechtsteile dürften sich nie, nie, nie berühren!

Dann sind wir eingeschlafen, meine Tochter in meinen Armen.

X

Bevor Judy sich am nächsten Morgen verabschiedete, um in die Schule zu gehen, fragte ich sie: »Du, Liebes, wenn diese Sue deine beste Freundin ist, warum lädst du sie nie ein? Ich weiß, etwa vor zwei Jahren hat sie dich ein paarmal besucht, seither war sie aber nie wieder hier. Sie scheint ein kluges Mädchen zu sein, ich würde mich gern mal mit ihr unterhalten.«

»Okay, ich lade sie für heute nachmittag ein. Aber sie trinkt keinen Kakao, sie trinkt Kaffee«, sagte Judy.

»Gut, sie kriegt Kaffee«, sagte ich und dachte, ich wäre sehr schlau. Der Göre werde ich die Leviten lesen, dachte ich, und wußte nicht, in was ich mich hineinmanövrieren würde.

Tatsächlich kam Sue um vier Uhr. Ich erinnerte mich an sie, als sie noch ein dürres Mädchen mit mageren Armen und Beinen war. Sie sah ungefähr so aus wie meine Judy damals. Statt des mageren Kindes kam aber eine blühende Rose. Titten und Arsch, alles wie es im großen Buche steht, und ein liebliches Gesicht. Dessen Madonnenhaftigkeit widersprachen nur die sehr klug in die Welt schauenden Augen. Sie bewirkte auf jeden Fall, daß ich eine riesige Erektion bekam.

Wir tranken alle drei Kaffee und aßen Kuchen dazu. Dabei unterhielten wir uns über Gott und die Welt, nur das Thema Sex, das mir auf den Nägeln brannte, habe ich nicht angeschnitten. Erst als wir dann alle drei auf der breiten Couch saßen, kam ich darauf zu sprechen.

Ich glaubte, besonders geschickt zu sein, als ich mich an Judy wandte: »Du, Schatz, wieviel weiß deine Freundin über unser Geheimnis?«

»Alles!« sagte Judy. »Sie weiß alles! Auch über die gestrige Nacht.«

Das war ein Schlag in meine Magengrube, zumindest habe ich es so empfunden. Doch ich bewahrte Haltung. »Nun gut, wenn sie alles über uns weiß, dann haben wir auch das Recht, alles über sie zu wissen. Oder?«

Beide nickten.

Da kam ich mit der großen Kanone: »Du, Sue, ich darf dich doch duzen? Wie ich gehört habe, hast du ein sehr gutes Verhältnis zu deinem Vater. Ich meine, ein Verhältnis«, stach ich mit meinem geistigen Stilett zu. Getroffen habe ich sie aber nicht.

Sie antwortete ganz einfach, auf eine absolut natürliche Weise: »Ja, wir ficken miteinander, wenn Sie das meinen.«

Mir blieb die Spucke weg. Aber ich habe eine seltsame Veränderung in mir festgestellt. Meine Angriffslust war gewichen, statt dessen begann mich die Neugierde zu kitzeln. Und ja, um nicht zu vergessen, mein Schwanz wurde stahlhart bei dem Gedanken, daß dieses Kind (Verzeihung, junge Frau) mit ihrem eigenen Vater fickt. Da konnte ich nur sagen: »Das ist interessant. Und wie kam es dazu?«

Wenn ich jetzt Zurückhaltung oder vielleicht auch ein Erröten von Sue erwartet hatte, hatte ich mich gründlich geirrt. Sie erzählte alles, als ob es sich um die natürlichste Sache der Welt handelte:

»Ich war erst dreizehn, als meine Mutter uns verließ«, fing Sue an. »Ich blieb mit meinem Vater alleine zurück. Ich war bereits gut entwickelt, hatte sogar meine Menstruation, so daß ich noch von meiner Mutter aufgeklärt wurde. Somit war Vater von dieser – für einen Mann schwierigen – Aufgabe befreit.

Wie ich schon sagte, war ich auch mit dreizehn ziemlich entwickelt, doch erst mit fünfzehn begann mein Körper, so richtig aufzublühen. Meine Brüste haben Form angenommen und meine Muschi begann, besonders nachts unter der warmen Bettdecke, wo es sich so schön träumen läßt, immer öfter zu jukken. Teils aus Erzählungen meiner Freundinnen, teils durch Selbstversuche, wie es ein Forscher sagen würde, habe ich herausgefunden, wie ich dieses Jucken mit meinem Finger lindern kann.

Ich denke, auch mein Vater hat meine Entwicklung bemerkt, denn ich sah ihn öfter meine Brüste beobachten; erst nur verstohlen, doch im Laufe der Zeit dann ganz unverhohlen. Unsere Familie gehörte nicht zu den Leuten, die miteinander ständig kuscheln und schmusen, so wußte ich, daß es nicht nur aus väterlicher Liebe geschah, wenn er mich manchmal umarmte, oder während wir einen Film im Fernsehen anschauten, er plötzlich auf seinen Schoß klopfte und seine ‚kleine Tochter' bat, darauf Platz zu nehmen.

Als ich sechzehn wurde, wurden die Annäherungsversuche meines Vaters immer gewagter. Oft machte er Bemerkungen darüber, wie hübsch sich meine Brust entwickelt habe, oder er hat mit prüfendem Blick meinen Schritt beäugt, ohne seine Bewunderung verbergen zu wollen. Bei jeder sich bietenden Gelegenheit versuchte er, eine meiner Brüste zu befühlen oder meinen Hintern zu betatschen. Natürlich versuchte er, diese Angriffe als ‚zufällige Berührungen' darzustellen.

Ich habe ihn mit Sätzen, wie: ›Daddy, ich muß meine Hausaufgaben machen‹ oder ›Ich muß das Essen kochen‹ abzuwehren gepflegt und erfand immer neue Ausflüchte, um seine Annäherungsversuche zu stoppen. Doch meine abwehrenden Sprüche verloren zunehmend ihre Wirkung. Im Laufe der Monate wurde er immer dreister und fordernder.

Einmal, an einem Freitag Abend, während wir nach dem Abendessen vor dem Fernseher saßen, sagte er: ›Sue, komm her und setz dich auf Daddys Schoß. Ich habe meine kleine Tochter schon so lange nicht mehr umarmt.‹

Ich erinnere mich noch heute, wie ich nach Luft schnappte und fast das Gleichgewicht verlor, als seine starken Hände meine Hüften umfaßten. Lachend hob er mich auf und drehte mich herum, mit meinem Gesicht zu ihm, und setzte mich so auf seine Knie, daß meine Beine seitlich herunterhingen. Anerkennend brummte er, seine Hände waren dabei immer noch um meine Taille. Dann zog er mich ganz nahe an sich und drückte mein Becken direkt auf seine Hüften, so daß mein Schritt fest auf seinen Pimmel gepreßt war.

Atemlos vor Schrecken versuchte ich aufzustehen, doch ich konnte mich an nichts festhalten. Ich konnte mit meinen Füßen den Boden nicht erreichen, und als ich meine Arme auf die Lehne der Couch stützte, um mich hochzudrücken, zog er mich einfach an meinen Hüften herunter und setzte mich wieder hin.

›Ja, du bist ein braves Mädchen‹, stöhnte er, während er sich an mir wetzte.

Unter seinen Shorts fühlte ich die harte Schwellung seines Penis'. Er preßte meinen Schritt gegen den seinen und begann, Stoßbewegungen zu machen, indem er seinen Hintern vor und zurück bewegte. Bei jedem seiner Stöße drückte er meine Hüften nach unten, so daß ich durch das dünne Material unserer Kleidung seine Härte deutlich spürte.

Ich war erschrocken, doch gleichzeitig spürte ich eine gewisse Erregung dort unten, an der Stelle zwischen meinen Beinen, an die er seinen Schwanz drückte. Ich wollte mich von ihm befreien, doch auf irgendeine Weise genoß ich das, was er da mit mir machte. Die Abneigung in mir war jedoch größer als der Genuß.

›Gleich..., meine Kleine,... gleich!‹ hörte ich seine keuchende Worte, als er seine Bewegungen beschleunigte.

Ich wurde verlegen, weil ich seinen Schwanz durch seine Shorts spürte. Er fühlte sich gewaltig an. Sein ständiges Reiben verursachte eine Vertiefung in meinem Zwickel, und ich spürte, wie mein Höschen nach oben zwischen meine Schamlippen gedrückt wurde. Nach etwa einer Minute dieses erregten Wetzens, begann er, laut zu stöhnen. Er legte seine Hände auf meinen Rücken und drückte unsere Leiber zusammen. Meine Brüste wurden an seine massive Brust gequetscht. Er klebte sozusagen unsere Genitalien zusammen. Ich fühlte die große Beule seines Schwanzes; sie drückte durch die dünne Kleidung und war nach oben gegen meine Pussi gerichtet. Ich fühlte, wie er wild pochte, als ob er ein eigenes Leben hätte. Ich fühlte die Hitze seines zuckenden Unterkörpers. Dann hielt er mich grunzend fest, bis sein Orgasmus verebbte.

Nach einige Minuten atmete er laut aus, sein Griff an meinem Körper wurde lockerer, und er lehnte sich nach hinten gegen die Couch. Erleichtert kletterte ich von seinem Schoß herunter, lief in mein Zimmer und schloß schnell die Tür zu. Erst als ich mich auf mein Bett geworfen habe, merkte ich, daß mein ganzer Unterleib naß war. Aus dem Sexualkunde-Unterricht in der Schule wußte ich zwar, daß das, was soeben passiert war, etwas ganz Natürliches ist, und trotzdem war mir dieses Erlebnis nicht angenehm. Ich zog meine Shorts aus und untersuchte mein Höschen. Es war so durchtränkt mit dem Samen meines Vaters, daß es durchsichtig schien und ich darunter meine rot geschwollenen Schamlippen sehen konnte. Das Sperma meines Vater war also durch meine Shorts und mein Höschen gesickert, und jetzt war mein Fötzchen damit benetzt. So befleckt, rannte ich ins Badezimmer und befeuchtete einen Lappen, um mich sauber zu wischen.

Diese Szenen hörten dann nicht mehr auf. Nein, im Gegenteil, sie kamen immer öfter vor. Manchmal ging er in der Diele an mir vorbei, dann, ohne Vorwarnung, griff er mit einer Hand nach vorne, umfaßte meine Muschi und steckte seine Finger durch mein Höschen, um mich da unten zu massieren. Ich mochte es nicht sehr, aber es erregte mich immer, so daß ich, sobald ich mich aus seiner Hand befreien konnte, in mein Zimmer oder auf die Toilette rannte, um meine Muschi mit meinem Finger zu erleichtern.

Dann wiederum, wenn ich aus dem Badezimmer nur in ein Handtuch gehüllt herauskam, lauerte er mir dort auf und musterte mich. Sobald ich an ihm vorbeikam, riß er mein Handtuch weg und entblößte mich so in der Diele. Ich versuchte, so schnell ich konnte wegzurennen, doch irgendwie bekam er mich immer wieder an meinem Arsch zu fassen.

Vater setzte seine kleinen perversen Spiele fort. Es wurde noch schlimmer, als er diese gewissen Magazine zu abonnieren begann. Ich erinnere mich noch, wie ich zum ersten Mal auf diese in braunes Papier gehüllten Pornomagazine stieß. Ich wurde neugierig, doch als ich sah, daß das Paket an meinen Vater adressiert war, ließ ich es liegen. Als ich am nächsten Tag aus der Schule kam, fand ich Vater schnarchend auf der Couch im Wohnzimmer liegen, die geöffneten Magazine waren auf seinem Bauch gelegen. Neugierig ging ich auf Zehenspitzen zur Couch und beugte mich nach vorne, um sie aus der Nähe anzuschauen.

Familien-Geheimnisse war der Titel. Ein junges, brünettes Mädchen war auf der Titelseite abgebildet. Es war offensichtlich ein Teenager. Es kniete auf allen vieren auf dem Bett. Ein älterer Mann schmiegte sich von hinten an, seine Arme waren um die Taille des Mädchens gelegt. Er schien es brünstig zu vögeln. Ein Aufkleber verdeckte schamhaft die Brustwarzen des Mädchens. Darauf stand: *Exklusive Fotos von einem Vater-Tochter-Inzest.*

Wahrscheinlich habe ich lange auf dieses Bild gestarrt, denn als ich meine Augen endlich vom Heft abwendete und aufblickte, sah ich, daß mich mein Vater anschaute. Ich glaube, ich wurde sehr rot im Gesicht und schämte mich, seine ‚Schweinerei' angeschaut zu haben.

Er betrachtete mich eine Weile mit einem belustigten Blick. ›So, schaust du gerne Papas Magazin an? Hat es dich heiß und erregt gemacht?‹ Er lachte.

Ich war wütend auf mich selbst, weil ich mich erwischen ließ. Ich drehte mich um, um wegzugehen, doch seine Arme schossen nach vorne. Er packte mich und zog mich auf seinen Schoß.

›Es ist schon in Ordnung! Daddy ist dir nicht böse, weil du seine Lektüre gelesen hast. Im Gegenteil, ich wollte dir etwas zeigen, was dir bestimmt gefallen wird.‹ Seine Stimme wurde heiser. Er hielt mich mit einem Arm auf seinem Schoß fest und mit seiner anderen Hand blätterte er in dem Magazin.

›Schau dir das hier an, Sue‹, sagte er und legte die aufgeschlagene Zeitschrift auf meine Knie. Um die Sache zu überstehen, schaute ich auf das Bild. Die Kleine von der Titelseite war darauf zu sehen. Sie lag auf dem Bett, auf dem Rücken, ihr Vater lag über ihr. Ihre Knie waren bis über ihren Kopf gedrückt, ihre Beine lagen auf den Schultern ihres Vaters. Mein Blick senkte sich tiefer, und ich mußte unwillkürlich aufstöhnen. Der übergroße Schwanz ihres Vaters spaltete ihre Muschi.

Ich mußte schlucken. Meine Gedanken gerieten durcheinander. Das erste Mal in meinem Leben hatte ich gesehen, was beim Bumsen geschieht. Das Foto war rauh und grob. Ungeachtet dessen, daß ich das, was da geschah, abscheulich fand, verspürte ich beim Betrachten des fickenden Paares ein Prickeln in meiner Muschi. Ich versuchte, mich aufzuraffen. ›Daddy, ich muß in mein Zimmer, meine Hausaufgaben machen.‹ Ich krümmte und wand mich auf seinem Schoß, weil ich wieder seine Erregung von unten gegen meinen Unterleib pochen spürte.

Er warf das Magazin lachend auf den Tisch, währenddessen lockerte sich sein Griff. Ich sprang schnell auf um wegzugehen, aber seine Arme umfaßten blitzschnell meine Taille, und schon zog er mich wieder an sich.

›Hast du gesehen, Sue, wie sehr die Kleine auf dem

Bild dir ähnelt? Hast du ihr Gesicht gesehen? Wie sehr es ihr gefiel, daß der große Pimmel ihres Vaters tief in ihrer feuchten, engen Muschi steckte? Das war doch ein sehr liebes Mädchen, es spreizte seine Beine so weit für seinen Daddy!‹

Mein Herz pochte wild. Daddy hatte mich in der letzten Zeit oft befummelt, doch er offenbarte bisher nie so offen und direkt, daß er mich ficken wollte.

›Daddy, ich muß gehen!‹ jammerte ich und wand mich auf seinem Schoß. Ich fühlte seinen Schwanz mächtig gegen meinen Arsch drücken.

›Gleich! Gleich!‹ röchelte er, als sein Unterleib begann, gegen meine Arschbacken zu stoßen. ›Sieh, Sue, du bist ein so braves Mädchen, daß du deinem Papa so in der Not hilfst‹, keuchte er. ›Du hilfst nur deinem Daddy, seine Bedürfnisse zu befriedigen, während du unbefriedigt bleibst!‹ Er betonte seine Worte damit, daß er durch die Jeans in meinen Schritt griff. ›Hör zu, Sue, wenn du dich einsam fühlst oder nicht einschlafen kannst, komm nur in mein Zimmer. Und ich gebe dir das, was das Mädchen auf dem Bild von seinem Vater bekommen hat.‹ Röhrend spritzte er in seiner Hose ab. Seine Lust war befriedigt, sein Griff lockerte sich.

Ich sprang auf und rannte schluchzend in mein Zimmer. ›Verdammt! Verdammt! Du sollst umfallen und krepieren!‹ fluchte ich.

Ich warf mich auf mein Bett und weinte. Dann, ich konnte es selbst nicht verstehen, griff ich unter meinen Rock, steckte meine Hand in mein Höschen und begann, meine Möse heftig zu reiben. Ich mußte es tun; das Jucken, das Verlangen, das ich verspürte, war stärker als ich.

Mein Vater versank immer tiefer in die Sehnsucht nach meinem Körper. Seine sexuellen Annäherungen wurden von Tag zu Tag heftiger. Mindestens einmal wöchentlich rief er mich ins Wohnzimmer, zog mich auf seinen Schoß und begann, mich so ‚trocken‘ zu bumsen. Er nahm sich immer mehr Freiheiten mit meinem Körper heraus, und ich wußte, es war nur eine Frage der Zeit, bis er, um seine Lust zu erfüllen, etwas mehr verlangen würde als dieses trockene Bumsen. Was ich aber noch schändlicher fand, war, daß ich jedesmal selbst sehr erregt wurde und mich in meinem Zimmer befriedigen mußte, nachdem er seine Geilheit in seine Hose gespritzt hatte.

Ich ahnte, ja ich wußte es, daß es einmal dazu kommen würde, trotzdem traf es mich wie ein Keulenschlag, als mein Vater sich einen Schritt weiter wagte. Eines Abends beim Fernsehen zog er mich wieder einmal auf seinen Schoß. Mit der Ergebenheit eines Opferlammes ließ ich es geschehen, da ich gegen seine enorme Körperkraft sowieso nicht ankam. Ich wußte, er würde seinen Schwanz an der Mitte meiner Hose reiben, bis er seine Hose naß machen würde. Danach würde ich wie immer auf mein Zimmer laufen, um die Erregung durch Reiben meines Kitzlers loszuwerden.

Die Überraschung kam, als er mich nach einigen Bumsbewegungen plötzlich ein wenig von sich wegschob, meine Hand ergriff und in seine Hose steckte.

›Sue, mein kleines Mädchen, sei ein braves Mädchen. Faß ihn an!‹ Und er legte meine Hand auf seinen steinharten Pimmel.

Ich dachte, das ist der Anfang vom Ende; er wird sich immer mehr erlauben, und am Ende wird er sich an mir vergehen. Ich war echt erschrocken, denn noch immer hegte ich die Hoffnung, daß ich ihn irgendwie vom Letzten würde zurückhalten können.

Daß ich nicht lauthals protestierte, hatte auch einen anderen Grund. Es war so schön, diesen harten und doch so elastischen Männerschwanz in meiner Hand zu fühlen, daß ich ihn mit meinen Fingern unwillkürlich fest umschloß. Denn, um ganz ehrlich zu sein, auch ich träumte wie jedes Mädchen davon, einmal einen schönen, harten Pimmel anfassen zu können und ihn schließlich auch in meiner Vagina zu spüren. Diese Vorstellung bescherte mir immer einen schnellen Orgasmus beim Masturbieren.

Und nun hatte ich einen solchen Pimmel in der Hand, und meine Hand genoß diese Berührung. Ich spürte, wie aus meiner Scheide ein kleiner Bach heraussickerte und die Mitte meines Höschens klitschnaß machte.

Jedoch gehörte dieser Schwanz meinem eigenen Vater. Das wäre an und für sich noch nicht schlimm, meine Befürchtung war aber, daß er mich eines Tages ficken würde und mir ein Kind machte. Und ich hätte mir echt etwas Schöneres vorstellen können, als von meinem Vater schwanger zu werden.

Vater schloß die Augen und stöhnte laut auf, als er

meine Hand auf seinem Pimmel fühlte. ›Ach, du bist ein braves Töchterlein, ein liebes Töchterlein! Du hilfst deinem Papa, so wie das Mädchen in diesem Heft. Hast du gesehen, wie gerne es mit dem Schwanz seines Papas gespielt hat, wie gerne es sich ihn reinschieben ließ? Ist es schön für dich, den Pimmel von Papa zu befühlen? Willst du ihn sehen? Na warte, ich zeige ihn dir.‹ Und er knöpfte seine Hose auf und holte seinen Lümmel heraus. Meine Hand hielt ihn immer noch fest umschlossen, und jetzt habe ich ihn auch mit eigenen Augen gesehen. Und er gefiel mir sehr!

›Gefällt er dir?‹ fragte nun Daddy, als ob er meine Gedanken gelesen hätte. ›Ist er schöner als der dieses Mannes im Heft?‹ fragte er noch. Doch er wartete keine Antwort ab, statt dessen ergriff er meine Hand und begann, sie an seinem Schwanz auf und ab zu bewegen. Ich staunte, als ich sah, wie sich seine Haut an seinem steil aufragenden Stiel verschieben läßt, wie seine Eichel in den Falten seiner Vorhaut verschwindet, um dann, wenn sich meine Hand nach unten bewegt, wieder in voller Größe herauszuschlüpfen und ihren purpurfarbenen Kopf völlig entblößt zu zeigen. Ich sah die kleine Öffnung an der Spitze seiner Eichel, und auch, daß daraus einige helle Tröpfchen sickerten.

›Komm, Sue, sein ein braves Mädchen, wichs deinen Papa schön‹, stöhnte er und lehnte sich auf der Couch zurück. Und ich wichste seinen Schwanz, und zwar sehr heftig. Und das tat ich aus zwei Gründen:

Einmal, weil es mir gefiel, wie er stöhnt und sein Bekken nach oben gegen meine Hand bewegt, und weil ich wollte, daß er möglichst schnell fertig wird, bevor ihm einfallen würde, noch weiter zu gehen. Ja, ich genoß die Berührung seines Schwanzes so sehr, daß ich nicht widerstehen konnte, mit meiner anderen Hand auch seinen Sack zu umfassen. Dann plötzlich beugte ich mich nach vorne, drückte einen Kuß auf seinen Pimmel – ich mußte es tun, ich wünschte es mir – und dann drückte ich mein Gesicht auf seinen pulsierenden, sehr roten, sehr geschwollenen Schwanz, während ich seine Vorhaut weiterhin nach oben und nach unten schob.

Damit bewirkte ich, daß er plötzlich ganz laut wurde: ›Ach, Sue, ach, jetzt!‹ Und sein Pimmel begann zu spucken. Ich spürte schon einige Male sein Sperma an meinem Höschen, aber diesmal sah ich es auch, und ich bekam auch die ganze Ladung ins Gesicht.

Sein Schwanz wurde schnell schlaff und glitt aus meiner Hand. Ich lief ins Badezimmer und wusch mein Gesicht und meine Hand. Dann schloß ich mich in mein Zimmer ein und legte mich aufs Bett. Ich war heilfroh, daß Daddy so schnell abgespritzt hatte und ich im Moment keine weiteren Attacken seinerseits befürchten mußte. Aber ich war auch ganz aufgewühlt. Ich spürte ein Ziehen in meinen Lenden, kleine Krämpfe in meinem Bauch und ein ganz gewaltiges Ziehen in meiner Muschi. Ich hob meine Beine ganz hoch, umfaßte meine Fotze mit einer Hand und begann, sie fest zu reiben. Dann bearbeitete ich meinen

Kitzler und dabei leckte ich meinen Handteller, in dem ich Vaters Pimmel spürte. ›Daddys Pimmel! Daddys Pimmel!‹ flüsterte ich vor mich hin und erlebte eine ganze Reihe von Orgasmen, bevor ich in einen tiefen, traumlosen Schlaf versank.«

Ganz interessant, die Geschichte der kleinen Sue. Sie klingt glaubhaft. Ich kann mir vorstellen, daß ein unter Einsamkeit leidender Mann sich so verhält, wenn er eine heranwachsende Tochter hat. So interessant diese Geschichte auch ist, ich möchte sie nicht bewerten, denn sie ist nur – so glaube ich – nur eine Nuance in der Geschichte meines Patienten. Mich interessieren im Moment eher seine Gefühle, aber natürlich auch, wie er auf die Erzählung der kleinen Sue reagierte.

XI

Sue sprach zuerst ganz ruhig, dann begann ihre Stimme, immer erregter zu klingen, je weiter sie in ihre Erinnerungen eintauchte. Mich faszinierten ihre klare Ausdrucksweise und ihre reifen Formulierungen. Aber noch größeren Eindruck machte auf mich ihre Ausstrahlung und ihr Körper. Durch ihre Erzählung aufgewühlt, stand natürlich mein Pimmel steinhart in der Hose; ich befürchtete, daß er jederzeit losspritzen könnte. Natürlich zeichneten sich seine Umrisse deutlich am Stoff der Hose ab, und ich machte keine Anstalten, das zu verbergen.

Ich hatte dazu einen guten Grund. Sue wurde durch ihre Erinnerungen ebenso erhitzt wie meine Tochter Judy, die ihr mit vor Erregung hochrotem Gesicht zuhörte und regelrecht an Sues Lippen hing. Beide Mädchen waren ebenso erregt wie ich, was unschwer zu erkennen war, weil sie zuerst sehr unruhig in ihren Sesseln saßen und ihre Schenkel – wahrscheinlich haben sie es sich gar nicht vergegenwärtigt – aneinander rieben. Dann wechselten sie ihre Stellung, so daß sie jetzt breitbeinig vor meinen Augen saßen und ich die Zwickel ihrer Höschen unter den kurzen Röcken deutlich sehen konnte. Und diese Zwickel wurden von Minute zu Minute feuchter und dadurch auch durchsichtiger. Die Form ihrer jungen Schamlippen zeichnete sich unter dem leichten Stoff deutlich ab, ich habe sogar durch den feuchten Stoff ihre Farbe erkennen können.

Als Sue zu dem Punkt gelangte, wo sie ihrem Vater einen abgewichst hatte, hat sie – ob sie es überhaupt wahrgenommen hat, daß ich es sehe, kann ich nicht sagen – ihre Hand von oben in ihr Höschen gesteckt und sichtbar an ihrer kleinen Fotze manipuliert. Auch Judy rieb ihre Möse leicht durch den Stoff; ich sah, wie sich ihr Finger entlang der sich abzeichnenden Spalte bewegte.

Zu diesem Zeitpunkt hielt ich meinen Pimmel durch die Hose fest umklammert. Da ich sah, wie die beiden Mädchen auf die Situation reagierten, hatte ich keinen Anlaß, mich zurückzuhalten. Am liebsten hätte ich meinen Schwanz herausgenommen und mir vor ihren Augen einen runtergeholt, doch ich wagte es nicht, so weit zu gehen.

Sues Zustand höchster Erregung muß sie so sehr aufgepeitscht haben, daß sie verstummte und mit geschlossenen Augen in ihrem Slip ungehemmt masturbierte. Einige Minuten herrschte Stille, nur unsere lauten Atemgeräusche waren zu hören. Dann stand Judy plötzlich auf. Ich glaube, sie wollte zeigen, daß auch sie bereits mit dem Schwanz ihres Vaters gespielt hatte. Sie kam zu mir und öffnete ungeniert meine Hose.

»Auch ich mache das gerne mit meinem Papa«, sagte sie. Ihre Hand glitt in die Hose, umfaßte meinen zum Bersten gespannten Pimmel und holte ihn aus seinem Versteck heraus. Sie begann, ihn zu wichsen, und ich konnte nicht anders, ich gab unartikulierte Laute von mir.

Sue öffnete ihre Augen. Sie kam zu uns und fragte: »Darf ich ihn anfassen?«

Judy, als ob sie die Eigentümerin meines Schwanzes gewesen wäre, drückte ihn in Sues Hand. Sanft umfaßte Sue mit ihren Fingern meinen Schaft, und nun begann sie, meine Vorhaut sanft hin und her zu schieben.

»Ein schöner Pimmel«, sagte sie, »ein sehr schöner Pimmel!«

Und in diesem Moment begann mein Schwanz zu spritzen. Ich glaube nicht, daß ich jemals zuvor in meinem Leben soviel Sperma verspritzt habe. Nach dieser langen Zeit der Abstinenz wurde ich nun nicht nur von meiner Tochter Judy, sondern auch noch von ihrer Freundin mit der Hand befriedigt. Mein Pimmel sprühte Fontänen der Lust hoch in die Luft, und ich tat nichts, um es zu verhindern, daß alles um mich herum, meine Hose, Sues Hände und sogar die Gesichter der beiden Mädchen reichlich von meinem Samen abbekamen, da sie ihre Köpfe ganz nahe an meinen Schwanz hielten.

Ich erlebte eine unerhörte Lust, einen Orgasmus wie vielleicht noch nie, oder nur in der Zeit, wo ich noch mit meiner Frau den Freuden der Liebe huldigte. Ich hörte meine eigene Stimme, als ob jemand anderer neben mir laut geschrien hätte. Es war einfach unbeschreiblich.

Was danach folgte, ließ mich wie einen König fühlen. Die beiden Mädchen säuberten zuerst meinen Schwanz und meine Kleidung, dann liefen sie laut kichernd zum Waschbecken, um sich und ihre Gesichter zu reinigen. Die unheimliche Spannung löste sich in allgemeine Heiterkeit auf. Wir lachten, und es störte mich nicht, daß ich mit aus der Hose ragendem Pimmel vor den Augen der beiden Mädchen saß. Dann stand ich auf – immer noch mit herausragendem Schwanz – und holte eine Flasche Wein. Wir tranken. Ich füllte die Gläser nur halb voll; ich wollte die beiden Gören nicht betrunken machen, nur irgendwie meiner Freude Ausdruck verleihen.

Mein Schwanz stand nicht mehr aufrecht, da er soeben abgespritzt hatte, aber er wurde auch nicht ganz schlapp. Ich möchte es so ausdrücken: Er war auf Halbmast. Und nun begann die Erregung – und natürlich auch die Neugierde – erneut in mir aufzusteigen. Deshalb bat ich Sue, uns auch den Rest ihrer Geschichte zu erzählen. Sie sagte zu, und in diesem Moment machte Judy etwas, worauf ich nicht vorbereitet war: Sie zog einfach ihr Höschen aus, zog ihre Beine an, so daß sie ihre Füße auf das Polster des Sessels stellen konnte und saß nun mit entblößter Fotze vor uns.

»Wenn ihr beide euch freizügig benehmt, dann bin ich auch so frei«, sagte Sue und folgte Judys Beispiel.

Und jetzt stand auch mein Pimmel wieder ganz erigiert vor meinem Bauch. Da fiel mir etwas ein. Nämlich, daß Judy mir erzählt hatte, daß sie und Sue ab und zu miteinander so ein paar kleine lesbische Spiele trieben. Ursprünglich wollte ich Sue bitten, Judy dazu nicht mehr zu verführen, doch – so schwach ist der Mensch – jetzt fragte ich, ob sie mir zeigen wollten, wie sie sich gegenseitig verwöhnen. Und die beiden Gören waren nur allzu gerne dazu bereit. Sie setzten sich mit gespreizten Schenkeln auf der Couch gegenüber, und da sahen meine staunenden Augen, wie die zarten Mädchenhände die Vulva der anderen zu streicheln und zu liebkosen begannen. Bald wurden ihre Bewegungen mutiger, sie steckten ihre Finger in die Spalte der anderen, um sich dann wieder mit den Schamlippen und dem Kitzler zu beschäftigen.

Ich konnte nicht anders, auch ich nahm meinen Schwanz in die Hand und begann, ihn leicht zu streicheln. Ich wunderte mich über mich selbst, als ich mich sagen hörte: »Das macht ihr aber sehr schön. Sue, kannst du dabei auch weiter erzählen?«

Und sie konnte:

»Seltsamerweise verhielt sich Daddy nach diesem Ereignis zwei Tage lang ganz ruhig. Nicht nur, daß er keine Annäherungen versuchte, sondern er blickte mich kaum an. Wahrscheinlich hatte er irgendwie Gewissensbisse, die aber nicht lange anhielten, denn am dritten Abend, als ich – nachdem ich den Abendbrottisch abgeräumt hatte – ins Wohnzimmer kam, sah ich Daddy vor dem Fernseher auf der Couch sitzen. Seine Hose war offen, sein Schwanz und seine Eier lagen frei, und er streichelte seinen Pimmel, der steif war.

Ich wollte an ihm vorbeigehen, doch da schoß seine Hand nach vorne, und er zog mich zu sich auf die Couch. ›Komm, Sue, sei ein braves Mädchen. Du siehst, Daddy hat es sehr nötig. Komm, faß ihn an und mach es mir.‹

Ich begann, seinen Schwanz zu reiben, weil er es so wollte (ich hätte ihm auch nicht widersprechen können), und weil es auch mir gefiel, seinen Pimmel in der Hand zu fühlen und seine Eier zu befingern. Denn es war doch ein Pimmel, nach dem ich mich sehnte, auch wenn er meinem Vater gehörte.

Daddy genoß meine Handarbeit mit geschlossenen Augen und begleitete meine Tätigkeit mit lautem Stöhnen und kleinen Beckenbewegungen. Dann fragte er: ›Gefällt es dir, den Pimmel deines Papas in der Hand zu haben? Reizt es dich? Macht es dich geil? Komm, laß mich mal dein kleines Fötzchen anfassen, damit ich sehe, wie geil du bist!‹

Mit einer Hand griff er mir zwischen die Beine. Ich wollte mich zunächst erschrocken zurückziehen, aber er hielt mich fest. Er war unheimlich stark.

›Ich will dir nichts tun, ich will nur deine kleine Fotze befühlen‹, röchelte er.

Ich sah, daß es kein Entrinnen gab, da sagte ich: ›Gut, du kannst mich anfassen, aber nur durch das Höschen. Sonst lasse ich auf der Stelle deinen Schwanz los und mache es dir nie mehr!‹

›Gut! Gut!‹ sagte er. ›Ich tue dir doch gar nichts. Ich will nur deine kleine Fotze fühlen. Versteh doch, Sue, dein Daddy braucht es so sehr. Also gut, nur durch das Höschen. Ich verspreche es dir, und nun sei ein gutes

Mädchen und mach es mir weiter.‹

Ich bearbeitete seinen Schwanz weiter, während seine Hand im Zwickel meines Höschens wahre Greiforgien feierte. Ich genoß seine Hand, besonders, als er mit einem Finger meine Spalte durch den Stoff bearbeitete. Er drückte den vor Geilheit durchnäßten Stoff des Höschens tief in meine Spalte und rieb an meinem Kitzler. Ich näherte mich einem Orgasmus, doch ich war immer darauf vorbereitet aufzuspringen, wenn er mit seinem Fingerspiel zu weit gegangen wäre. Ziemlich schnell spritzte er ab. Diesmal sah ich die Fontäne seines Pimmelsaftes aus dem Loch an seiner Schwanzspitze in sechs, sieben kräftigen Spritzern heraussprudeln, die alle auf seinem Oberschenkel landeten. Gleichzeitig mit seinem Orgasmus erlebte auch ich einen Höhepunkt, und ich preßte meine Zähne zusammen, damit er das nicht bemerkte und vielleicht noch geiler werden würde. Die Sache endete auch diesmal damit, daß ich mich in meinem Zimmer meinen fiebrigen Fotzenspielen hingab, bis ich mich in den Schlaf wichste.

In der nächsten Zeit ging es so weiter. Fast jeden Abend mußte ich ihm einen runterholen, und er befingerte meine Fotze, allerdings nur durch das Höschen. Er hat zwar gebettelt, ich sollte ihm mehr erlauben, zumindest anschauen wollte er, was ich zwischen meinen Beinen habe, aber ich blieb eisern und entschlossen, es ihm nicht zu erlauben. Ich befürchtete, daß er sich dann nicht mehr beherrschen könnte und – ja, daß er sich das mit Gewalt nehmen würde, was ich nicht wollte. Nicht daß ich nicht gerne mit ihm gefickt hätte. Aber ich wollte nicht schwanger werden, und vor allem nicht von meinem eigenen Vater. Das Äußerste, was ich ihm erlaubte, war, daß er sich meine nackten Brüste ansehen und mit ihnen spielen durfte, während ich seinen Pimmel bearbeitete. Nicht einen Moment nahm ich meine Hand von seinem ‚Stiel' weg, um ihn notfalls bändigen zu können. Aber weil er mich dabei auch befingerte, natürlich wiederum nur durch das Höschen, kam auch ich auf meine Kosten. Die Zinsen holte ich mir dann in meinem Zimmer.

Eines Tages brachte er ein neues Pornomagazin. Ich mußte es mit ihm durchblättern. In dieser Ausgabe waren ein paar Fotos, auf denen die Männer die Fötzchen der Frauen leckten und die Frauen die Schwänze der Männer in den Mund nahmen. Das erste hätte ich noch erdulden können, aber auf das letztere war ich nicht scharf. Ich sagte auch meinem Daddy, daß ich das nicht schön finde.

›Doch, es ist sehr schön‹, sagte er, ›wenn du es einmal ausprobiert hast, wirst du es nicht mehr missen wollen.‹

Aber ich blieb hart und sagte, daß ich es nicht haben will. Daddy nahm das auch zur Kenntnis, doch die Sache ging ihm anscheinend nicht aus dem Kopf, denn er kam immer wieder auf das Thema zurück.

Eines Abends dann, als er sich schon seinem Orgasmus näherte, erfaßte er schnell meinen Kopf, zog ihn nach unten, und versuchte, seine Schwanzspitze in meinen Mund zu schieben. Ich biß die Zähne zusammen, doch er hielt mir die Nase zu, und als ich – um Atem zu holen – meinen Mund aufmachte, steckte plötzlich sein Schwanz tief in meiner Kehle. Und in diesem Moment begann er zu spritzen. Ich wollte mich losreißen, doch er hielt meinen Kopf fest, bis er sein Sperma bis zum letzten Tropfen in meinen Mund gepumpt hatte.

Als er mich dann losgelassen hatte, warf ich ihm wüste Beschimpfungen an den Kopf und lief ins Badezimmer, weil ich dachte, ich müßte kotzen. Sein wirklich langer Kolben, den er mir bis zur Kehle reingesteckt hatte, löste einen starken Brechreiz bei mir aus. Aber während ich meinen Mund ausspülte, stellte ich fest, daß es gar nicht so schlimm war, wie ich es mir vorgestellt hatte. Natürlich habe ich schon Freundinnen über das Blasen sprechen gehört. Einige behaupteten, das Sperma würde ganz gut schmecken und soll auch gesund sein, andere aber sagten, daß es ekelhaft und übelschmeckend sei. Nun, was mir mein Vater in den Mund spritzte, schmeckte eigentlich nach nichts, es war nur etwas salzig. So mußte ich mich letztendlich doch nicht übergeben.

Am nächsten Abend sagte ich meinem Vater, daß, wenn er mir seinen Pimmel noch einmal in den Mund schieben sollte, ich ihn verlassen würde. An seinem belustigten Gesicht sah ich, daß er das nicht ernst nahm. Wohin hätte ich auch gehen können? Ich hatte doch außer ihm niemanden.

Ich sagte ihm, er soll mich demnächst in Ruhe lassen, ich will mit ihm keine Spiele mehr treiben. Er soll sich eine Frau suchen, mit der er alles machen kann, was er will. Da wurde er sehr ernst und sagte: ›Schau, Sue, ich könnte mir eine Frau nehmen, aber ich will nicht. Ich liebte deine Mutter sehr, auch wenn sie uns verlassen hat, außer ihr hatte ich niemanden, und jetzt habe ich nur dich. Und du siehst deiner Mutter so ähnlich, daß ich – ja, fast gegen meinen eigenen Willen – nicht anders kann. Ich bin ein Mann, ich brauche eine Frau. Und mir reicht nicht mehr, nur zu wichsen. Ich muß in den warmen Körper einer Frau hineinspritzen, sonst werde ich wahnsinnig. Und wenn ich nicht in deinem Mund kommen kann, dann muß ich dich wohl ficken – mit allen Konsequenzen.‹

Seine überaus stille, fast leidenschaftslose Stimme machte mir Angst. Ich sah, er meinte das ernst. Und um nicht von meinem eigenen Vater geschwängert zu werden, erklärte ich mich mit seinem Vorschlag einverstanden.

Ab da habe ich ihm fast täglich einen gelutscht. Er versuchte immer, darüber zu sprechen, daß, während er genießt, ich unbefriedigt bleibe, obwohl ich dabei offensichtlich sehr geil werde. Aber ich bat ihn, sich keine Gedanken darüber zu machen, ich käme schon auf meine Kosten. Ich gestand ihm, daß mir sein Fingerspiel an meinem Höschen immer einen Orgasmus schenkt, und daß mir das genüge. Von meinen kleinen Orgien in meinem Schlafzimmer habe ich ihm natürlich nichts erzählt.

Das Seltsame an der Sache war, daß es mir immer weniger ausmachte, wenn er sich in meinem Mund entlud. Ja, mir begann sein Sperma sogar zu schmecken, so daß ich manchmal danach meinen Mund gar nicht ausspülte. Und sein warmes Männerfleisch in meinem Mund mit meiner Zunge zu spüren, während meine Hand seinen Schaft pumpte und die andere Hand seine Eier verwöhnte, war wirklich ein Genuß für mich. Um ganz ehrlich zu sein, ich hätte mich von ihm auch gerne ficken lassen, wenn ich nur nicht diese panische Angst vor einer Schwangerschaft gehabt hätte. Und solange er sonst nichts mehr von mir verlangte, machten mir unsere fast allabendlichen Spiele genausoviel Lust und Freude wie ihm.«

Hier unterbrach sie meine Tochter Judy: »Darüber hast du mir noch nie was erzählt.«

»Ach, ich habe dir noch vieles nicht erzählt.« Sue lachte.

»Ist das nicht ekelhaft, dieses Zeug in den Mund zu bekommen?« Judy schaute sie fragend an, dann schien sie Lösung gefunden zu haben: »Aber man kann es ja gleich wieder ausspucken.«

»Das sollte man aber nicht«, erwiderte Sue. »Erstens, das Zeug schmeckt wirklich, zweitens, und das habe ich von mehreren Seiten gehört, soll im männlichen Sperma ein Hormon sein, das bewirkt, daß die Frauen schöne feste Brüste bekommen. Eine Frau, die regelmäßig Sperma schluckt, bekommt nie Hängebrüste.«

Mrs. Blake, ich weiß nicht, ob an dieser Geschichte etwas Wahres ist. Aber eines weiß ich genau: Nämlich, daß Frauen bereit sind, für die Schönheit alles, aber auch wirklich alles zu machen. Denn meine kleine Judy kam sofort zu mir, schaute mich an und fragte: »Soll ich es dir machen, Daddy?«

Mein Herz begann heftig zu pochen. Ich konnte kein Wort herausbringen, meine Kehle war wie zugeschnürt. Nur mein Schwanz zeigte steil nach oben, und Judy umfaßte ihn mit ihrer kleinen Hand. Dann senkte sie den Kopf, langsam näherte sie ihren Mund meinem vor Erwartung zitternden Pimmel. Dann spürte ich ihre Lippen an meiner Eichel.

Erst fühlte sich das nur wie ein Kuß an. Doch dann öffneten sich ihre Lippen, und meine Eichel sank in ihre feuchte Mundhöhle. Ich biß die Zähne zusammen, um nicht sofort abzuspritzen. Langsam schlossen sich ihre Lippen fester um meine Eichel, und mein Schwanz versank, während sie ihren Kopf nach unten neigte, immer tiefer in ihrer Mundhöhle. Wie ein warmes Nest umhüllte mich ihr Mund, und ich dachte, ich wäre im Himmel.

Ich hörte Sue sagen: »Mit der Zunge! Mit deiner Zunge mußt du ihn streicheln!« Aber Judys Zunge war bereits damit beschäftigt. Dann hörte ich Sue sagen: »Die Furche! Unter der Eichel die Furche mußt du lecken! Und mit der Hand mußt du ihn wichsen. Schön langsam!«

Judy tat es auch, aber nicht zu lange. Urplötzlich begann mein Schwanz zu pochen, und bevor ich ihn aus Judys Mund hätte reißen können, ging es bei mir los, und ich spritzte meinen Samen in den Mund meiner Tochter. Ich weiß nur, daß ich, von der überwältigenden Lust übermannt, laut geschrien habe. Und Judy hielt es heroisch aus. Sie stieß meinen Schwanz nicht aus ihrem Mund, sie spuckte auch mein Sperma nicht aus, sie schluckte alles brav hinunter.

Mir war nicht neu, einen geblasen zu bekommen. Aber diesmal war es meine eigene Tochter, die mir diese Lust schenkte, und ich bin vor Wollust fast in Ohnmacht gefallen. Ich weiß nur, daß sie auch danach noch versuchte, meinen Pimmel mit ihrer Zunge zu liebkosen, doch meine Eichel war jetzt nach der Ejakulation sehr empfindlich, so daß mir diese Liebkosung eher weh tat. So erfaßte ich Judys Kopf, hob ihn hoch und drückte ihr einen dankbaren Kuß auf den Mund. Unsere Zungen trafen sich, und ich spürte den Geschmack meines eigenen Samens in ihrem Mund.

Sue unterbrach unsere Idylle: »Na, wie schmeckt es dir, Judy?«

Meine Tochter sah sie an und sagte: »Ich weiß es nicht. Es ging so schnell, es kam so unerwartet, direkt in meine Kehle. Ich mußte schlucken. Aber ich spüre jetzt keinen unangenehmen Geschmack in meinem Mund.«

Mein Schwanz schrumpfte zusammen. Aber ich sah, daß die beiden Mädchen scharf waren. Da sie mit mir jetzt nichts anfangen konnten, begannen sie, sich miteinander zu beschäftigen. Zuerst streichelten sie gegenseitig ihre Brüste. Doch dann griffen sie einander zwischen die Beine. Langsam entkleideten sie sich völlig und trieben ihre lesbischen Spiele ungeniert vor meinen Augen. Sie befingerten ihre Fötzchen gegenseitig, dann befanden sie sich plötzlich in der 69er-Position, und jede leckte die Muschi der anderen. Sie zeigten keine Scham vor mir. Warum sollten sie auch? Ich hatte mir doch gerade einen von meiner eigenen Tochter blasen lassen.

Der Anblick der beiden nackten Frauenkörper (Judy habe ich schon nackt gesehen, aber Sues Körper war für mich ganz neu) machte mich wieder ganz heiß. Auch das ungemein erotische Treiben der beiden, wie sie sich gegenseitig die Fotzen leckten, ließ meinen Pimmel wieder ‚auferstehen‘, und er stand nun wieder hart vor meinem Körper. Ich umfaßte ihn mit einer Hand und begann, ihn sanft zu streicheln.

Die Mädchen wurden immer wilder. Zuerst bekam Judy einen Orgasmus. Sie winselte laut und preßte ihren Unterleib auf Sues Mund. Kurz darauf ergoß sich auch Sue mit lautem Stöhnen, dann lagen sie bewegungslos da, nur ihre Brüste hoben und senkten sich im Rhythmus ihres Atems.

Sue kam zuerst zu sich. Sie schaute zu mir herüber, dann machte sie auch Judy auf meinen aufrecht stehenden Pimmel aufmerksam. Dann kam sie zu mir, kniete sich vor mich hin und nahm die Spitze meines Schwanzes in den Mund. Sie winkte Judy zu sich, augenscheinlich wollte sie ihr die richtige Technik des Blasens zeigen. Meine Tochter schaute auch interessiert zu.

Ich muß sagen, Sue war eine Meisterin im Blasen. Ich hörte die Engel singen, während sie mit ihrer Zunge und mit ihren Lippen meinen Schwanz verwöhnte.

Nur ab und zu, wenn sie meinen Pimmel aus dem Mund ließ, um Judy einige erläuternde Worte zu sagen, war es unangenehm, als ich nach ihrer warmen Mundhöhle plötzlich die kühle Luft auf meiner Eichel spürte.

Dann setzte Sue Judys Hand an meinen Schwanz und mit einer Hand dirigierte sie ihre Bewegungen, während sie immer noch an meiner Eichel sog. Durch diese Behandlung, aber auch durch alles, was vorher geschah, war ich so sehr erregt, daß ich mich ein zweites Mal, diesmal in Sues Mund, entlud.

Später, als Sue schon längst nach Hause gegangen war und ich mit Judy im Bett lag, hat sie meinen Schwanz erneut in den Mund genommen. Anscheinend gefiel ihr die Sache. Ich war nicht mehr so erhitzt, denn ich hatte mich bereits ordentlich ausgespritzt, aber ich genoß die Liebesbezeugungen meiner Tochter umheimlich. Dann plötzlich erinnerte ich mich an die Spielchen, die ich seinerzeit mit meiner Frau getrieben hatte. Langsam drehte ich mich so, daß wir in die 69er-Position kamen. Sanft legte ich meine Lippen auf Judys Fötzchen und begann, ihre Schamlippen zu lecken. Meine Zunge wurde immer mutiger und erkundete die Tiefen ihres Schoßes. Schließlich umfaßten meine Lippen ihren harten Kitzler, und ich begann, an diesem zu saugen. Judy drückte ihren Unterleib stark gegen meinen gierigen Mund und gab gurrende Töne und kleine Schreie von sich. Wie oft sie einen Orgasmus bekam, weiß ich nicht, aber es waren viele, bevor es auch bei mir losging und ich meinen Pimmelsaft in ihren Mund spritzte. Judy schluckte alles brav hinunter.

Als sie dann später liebevoll mit dem Rücken zu mir in meinem Schoß zusammengekauert lag, mein Schwanz befand sich natürlich in der Spalte ihres Arsches, sagte sie: »Weißt du, Daddy, das Zeug schmeckt gar nicht schlecht. Und wenn ich davon schöne Brüste bekomme...«

Ich umfaßte sanft ihre Brust.

Da fragte sie: »Wann wirst du mich endlich ficken, Daddy?«

Ich antwortete nicht, ich stellte mich schlafend. Und kurz darauf schliefen wir beide dann wirklich.

Diese Frage möchte ich auch stellen: Wann wird er seine Tochter ficken? Besser gesagt, ob er sie überhaupt jemals gefickt hat? Ja, ich hätte ihm die Frage stellen können, aber ich wollte das zu diesem Zeitpunkt noch nicht. Ich wollte seine Erzählung dadurch nicht verkürzen, damit nicht eventuell wichtige Details, die mir bei der Diagnose helfen könnten, verloren gingen. Ich mußte mich in Geduld üben – in meinem Metier ist es notwendig – und ruhig abwarten, bis er die ganze Geschichte nach seiner Art und mit eigenen Worten zu Ende erzählt hat.

XII

Es sind einige Tage vergangen, bis Sue uns wieder besuchen konnte. Ihr Vater fragte sie aus, was für eine Familie es ist, die sie besuchen wolle. Als er hörte, daß ein alleinstehender Witwer ohne Frau der Herr des Hauses ist, wollte er ihr gar nicht erlauben, uns zu besuchen. Erst als er hörte, daß es sich um Judy handelt, die er ja seit längerer Zeit kannte (Judy hatte sie schon mehrmals besucht), willigte er ein.

Natürlich baten wir Sue, nach dem obligaten Kaffee ihre Geschichte weiter zu erzählen:

»Eines Tages sagte mein Vater: ›Kleines, übermorgen hast du Geburtstag. Was hältst du davon, wenn wir zur Feier des Tages an den Strand fahren, ein bißchen faulenzen und schwimmen und abends dann in ein nettes Lokal schön essen gehen?‹

Als Anwort fiel ich ihm um den Hals und gab ihm einen dicken Kuß auf die Wange.

Doch Daddy schien noch etwas auf dem Herzen zu haben. Er druckste ein bißchen herum, dann bat er mich: ›Sue, könntest du an diesem Tag den Bikini deiner Mutter tragen? Und zum Essen vielleicht das Cocktailkleid, das sie so gern getragen hat?‹

Natürlich! Warum sollte ich ihm diese Bitte abschlagen. Ich konnte vor Aufregung kaum atmen. Zum Strand gehen, das wäre eine wunderbare Abwechslung in der Eintönigkeit unseres Alltags. Und auswärts essen? Das wäre wirklich ein Höhepunkt des Tages. Meine Seele war voll Erregung in der Erwartung des übernächsten Tages, und ich summte Lieder sogar beim Abwaschen des schmutzigen Geschirrs. Dann reichte mir plötzlich mein Daddy eine Tragetasche mit den Worten: ›Das kannst du übermorgen tragen!‹

In meinem Zimmer nahm ich den Bikini und das Kleid aus der Papiertasche. Es war der rote Bikini, das Lieblingsstück meiner Mutter. Und es war das beige Kleid, das Mutter nur zu besonderen Anlässen trug. Erregt schälte ich mich aus den Kleidern und probierte den Bikini an. Er war ein bißchen knapp, da meine Mutter sehr zierlich gebaut war. Ich schaute mich im Spiegel an. Eine sexy Frau schaute zurück. Es war toll. Meine Brüste und meine Pobacken drückten sich prall gegen den roten Stoff. Dann probierte ich das Cocktailkleid an. Es paßte wie angegossen. In diesem eleganten Kleid sah ich aus wie eine zwanzigjährige Frau, nicht wie eine siebzehnjährige Schülerin.

Endlich war es soweit. Wir erreichten den Strand zur Mittagszeit; die Sonne war sengend. Ich wollte Sonnenöl auf meinen Körper auftragen. Da sagte Vater: ›Laß sein, ich mache das schon.‹

›Nicht nötig, Daddy‹, sagte ich schnell, ›ich kann das selber machen.‹

›Blödsinn! Leg dich hin, ich mache es‹, befahl er. Er nahm mir die Flasche aus der Hand und drückte seine

Hand auf meinen Rücken, damit ich mich hinlege. Ich legte mich auf den Bauch und spürte, wie er sich über mich setzte, seine haarigen Beine waren beidseitig neben meinem Körper. Dann goß er Öl in seine Hände, und diese Hände waren dann auf meinem Rücken. Er begann, das Öl in Kreisen zu verteilen, beginnend in der Mitte meines Rückens, dann auf meine Schultern, danach an meine Seiten. Ich stöhnte überrascht auf, als seine Finger unter den Bikini schlüpften und er begann, die Seiten meiner Brüste zu streicheln.

›Daddy, hör damit auf!‹ Jetzt spürte ich zwar, daß sich seine Hände von dieser Stelle entfernten, doch ich hatte genug. ›Ich kann den Rest selber machen‹, sagte ich. Ich zischte verärgert und schaute mich um. Es waren einige Familien um uns herum, doch sie waren weit genug, so daß sie zum Glück nichts bemerkt hatten.

›Tu nicht so! Daddy hat sich nur einen Scherz erlaubt. Du mußt nicht so aufgebracht sein. Ich wollte nur sehen, wie du gewachsen bist. Jetzt laß mich noch deine Beine einölen und dann hat sich's.‹ Bevor ich etwas hätte sagen können, gab er etwas Öl in seine Hände und begann, meine Beine zu bearbeiten. Bei meinen Waden beginnend, arbeiteten sich seine Hände langsam hinauf zu meinen Schenkeln. Ich hielt meinen Atem an und zählte die Sekunden, wann diese Tortur endlich aufhörte. Ich erstarrte und meine Schenkel verkrampften sich, als er versuchte, auch die Innenseiten einzuölen. Ohne auf mich zu achten, drückte er beharrlich seine glitschigen Finger dazwischen, und ich, angetrieben vom Wunsch, das Ganze hinter mich zu bringen, entspannte mich ein wenig und ließ zu, daß er meine Schenkel etwas auseinanderschob. Und schon schoben seine Finger den Zwikkel meines Höschens so schnell beiseite, daß ich gar nicht reagieren konnte. Ich kreischte vor Überraschung, als ich an meinen entblößten Schamlippen die kühle Luft spürte. Plötzlich war seine Hand da und umfaßte meine Möse.

›Daddy!‹ keuchte ich und schloß schnell meine Schenkel. Dadurch habe ich aber nur seine Hand dazwischengeklemmt. Ich habe mich schnell umgeschaut, ob jemand gesehen hatte, was geschah. Ich dachte, ich müßte vor Scham in die Erde versinken. Aber niemand war in unserer Nähe, der etwas hätte bemerken können. Ich kroch nach vorne, um aufzustehen, aber er war darauf gefaßt. Ich spürte sein Gewicht, als er sich auf mich setzte. Mit dem Gewicht seiner breiten Brust drückte er mich nach unten auf die Decke.

Ich lag unter ihm eingeklemmt, und ich mußte meinen Kopf zur Seite drehen, um atmen zu können. Ich spürte seine Finger, die die Falten meiner Fotze erforschten. Sie fühlten sich vom Sonnenöl glitschig an, als sie zwischen meine Schamlippen drangen. Sie wühlten forschend am Eingang. Ich mußte schlucken und hielt mit aufgerissenen Augen den Atem an, als Vater mein Jungferhäutchen entdeckte.

›Verdammt! Wer hätte es gedacht! Mit einem solchen Körper ist sie noch eine Jungfrau‹, wunderte er sich. ›Mit diesem Körper bleibst du es nicht sehr lange‹, murmelte er. Als er seine Hüften anhob, stellte ich entsetzt fest, daß er seine Badehose nach unten geschoben haben mußte.

Himmel, er will mich vergewaltigen! Ich versuchte, mich unter ihm zu befreien, aber er setzte sich erneut auf mich, ich spürte seinen Harten gegen meine Arschbacken drücken. Ich versuchte, mich freizustrampeln, aber er war zu schwer. Ich spürte die Hitze seines Schwanzes, der zwischen meine Schenkel eingeklemmt war. Ich fühlte, wie die Spitze seines harten Pimmels an meinen nun von seinen Fingern öligen Schamlippen rieb.

Ich habe mich umgeschaut, aber wegen des Wellenganges waren wir außer Hörweite der anderen Badegäste. Ich erschauderte vor Angst, als ich fühlte, daß Vater gegen meine Hinterbacken stieß.

Bleib ruhig, Sue, sagte ich mir. Es ist so wie sonst auch. Er wird abspritzen und dann ist alles vorbei. Aber es war nicht so wie sonst. Bisher waren wir immer angezogen, aber jetzt spürte ich, wie sein heißer Pimmel gegen meine Schamlippen rieb. Sein Rammeln wurde immer wilder, während er über mir schwer schnaufte. Ich wußte, er war dem Abspritzen nahe und bald würde es vorbei sein. Aber er hob plötzlich seine Hüften ein wenig, und als er sie wieder nach unten drückte, drang der große Kopf seines Pimmels plötzlich in meine Möse ein; er trennte meine Schamlippen und drang ein paar wenige Zentimeter ein. In dieser Position verharrten wir.

›Oh Gott, nicht!‹ flüsterte ich. Nicht meine Jungfernschaft! Niemand wird mich dann haben wollen wenn er sie mir nimmt.

Auch sein Körper erstarrte über mir, und ich hörte ihn stöhnen: ›Gott, deine Pussi ist so eng! Mein Gott, ich weiß, es ist nicht richtig, aber dein Vater braucht dich so sehr!‹

Er schob sich langsam nach vorne, und ich spürte, wie seine Eichel dehnend durch meine Schamlippen drang. Es fühlte sich an, als ob er mich zerreißen wollte; er war so dick! Ich stöhnte auf, als ich den scharfen Schmerz spürte, als sein Pimmel nach vorne gegen mein Hymen drang.

›Oh Gott... oh Gott... ich kann es nicht zurückhalten...‹, stöhnte er.

Ich bewegte mich keinen Millimeter, als seine Eichel anschwoll und begann, in mir zu pochen. Eine warme Flüssigkeit schoß in meine Scheide, als er abspritzte. Ein Schuß Samen nach dem anderen entlud sich aus seinem spritzenden Schwanz in die Öffnung meiner Möse und überflutete meine gedehnten Schamlippen.

Er blieb einige Minuten in mir, während ich mich unruhig unter ihm bewegte. Dann erhob er sich von mir, und seine Schwanzspitze schlüpfte mit einem lauten, schmatzenden Geräusch aus mir heraus. Ich spürte, wie er meine Möse wieder mit dem Zwickel meines Höschens bedeckte.

Zum Schluß gab er mir einen Klaps auf den Oberschenkel, atmete laut aus, drehte sich auf den Rücken, zog seine Badehose wieder hoch und binnen wenigen Minuten schnarchte er laut.

Ich blieb bewegungslos liegen. Ich war erleichtert. Ich war immer noch eine Jungfrau, er hat mich nicht genommen. Es bestand immer noch Hoffnung. Doch meine Erleichterung hielt nicht lange an. Ich dachte nach, wie lange ich ihn wohl würde abwehren können? Ich kannte meinen Vater. Jetzt, wo er so weit gekommen war, würde er sich nie mehr mit weniger begnügen. Früher oder später würde er mich ficken.

In meinen Schamlippen fühlte ich ein Klopfen, ein stumpfer Schmerz erinnerte mich an das soeben stattgefundene Gefecht. Meine ganze Möse war voll mit seinem Samen. Ein Schrecken erfaßte mich, als ich an die Möglichkeit einer Schwangerschaft dachte. Obwohl er mir meine Jungfernschaft nicht genommen hatte, spritzte er voll in meine Scheide, und ich wußte, da bestand eine echte Gefahr.

Ich weiß nicht mehr genau, wie der Abend danach abgelaufen ist. Wir aßen in einem Restaurant, aber alles ist aus meinem Gedächtnis irgendwie verschwunden. Nur an seine lüsternen Blicke, die er mir ständig zuwarf, kann ich mich erinnern.

Wieder zu Hause ging ich zuerst ins Bad und spülte meine Scheide mit lauwarmem Wasser. Ich war aufgewühlt und müde zugleich, wollte micht nur noch in mein Bett kuscheln und schlafen.

Aber was für eine böse Überraschung erwartete mich in meinem Zimmer! Auf meinem Bett saß mein

Vater, der völlig nackt war, und streichelte seinen Schwanz. Wie betäubt sah ich diese Szene vor mir. Es kann nicht wahr sein! dachte ich. Ich dachte, er wäre im Wohnzimmer, aber nein, er war da, vor mir und schaute mich an. Mit seiner Hand strich er an seinem riesigen Pimmel auf und ab. Ich konnte sogar die hervortretenden Adern und den purpurroten Kopf seines Schwanzes sehen.

›Sue, du meinst, ich hätte dein Geburtstagsgeschenk vergessen? Schau, hier ist es, hier in meiner Hand.‹ Er hielt jetzt seinen Pimmel an der Wurzel und winkte damit in meine Richtung.

Er stand auf, stieß den Stuhl, der zwischen uns stand, zur Seite und zog mich eng an sich. Mir stockte der Atem; ich spürte seinen harten Pimmel, als er mich an sich drückte. So, in dieser engen Umarmung dirigiert er mich zum Bett. Mit Leichtigkeit drehte er mich um, und mit einer schnellen Bewegung stieß er mich rücklings auf das Bett. Ich lag wie betäubt da, als er mir befahl: ›Jetzt runter mit den Klamotten!‹

Ich war sprachlos. Alles geschah so schnell, mir erschien es wie ein Traum. Aber es war kein Traum. Er stand vor mir in ungeduldiger Erwartung. Ich wußte nicht, was er vorhatte, doch ich wußte, jetzt würde sich alles ändern, nichts würde demnächst so sein, wie es bisher war. Zögernd zog ich mein Nachthemd aus. Er stand nur wartend da. Ich war nur noch mit meinem Slip bekleidet und hielt mit zitternden Händen mein Nachthemd vor meine Brüste, um mich vor seinen Blicken zu schützen, doch er beugte sich vor, entriß es mir und warf es in eine Ecke. ›Jetzt das Höschen!‹ knurrte er.

›Daddy‹, schluchzte ich, ›könnten wir nicht nur...‹

›Das Höschen, oder es passiert was!‹ Seine Augen blitzten drohend.

Leise wimmernd schob ich meinen Slip nach unten, über meinen Hintern bis zu meinen Knöcheln, und dann zog ich ihn völlig aus.

Er nickte zustimmend. ›Gut!‹ Seine Augen waren auf meinen Schritt fixiert. ›Jetzt leg dich zurück und spreiz die Beine!‹

Ich schluckte vor Angst, aber ich tat, was er verlangte. Flach auf dem Bett liegend, erwartete ich zwischen meinen gespreizten Schenkeln das Unvermeidbare. Sein massiver Schwanz stand aufrecht, und mir stockte der Atem, als ich die Maße des gigantischen steifen Pimmels realisierte. Dick war er, fast so dick wie mein Handgelenk. Mein Magen verkrampfte sich vor Angst, als ich dieses Monstrum sah, das ringsherum mit rötlich blauen Adern übersät war. Im hellen Licht des Raumes sah ich seine pulsierenden Adern, den großen Kopf, aus dessen Öffnung eine helle Flüssigkeit sickerte. Schnell schloß ich die Beine, als er sich vor mich auf die Bettkante kniete.

›Mach sie auf! Spiel nicht die Schüchterne. Ich weiß, wie du dich nach Daddys Knüppel sehnst!‹ Er ergriff meine Knöchel. Ich leistete Widerstand, doch er war zu stark, und langsam drückte er meine Schenkel auseinander.

Ich schluchzte vor Angst, als er mich an meinen

Knöcheln haltend zu sich zog, bis seine Hüften zwischen meine Schenkel gerieten. Mein Arsch wurde plötzlich hochgehoben, und seine großen Hände verkrallten sich in meinen weichen Pobacken.

Er drückte meine Schenkel noch mehr auseinander und rutschte nach vorne. Er umklammerte seinen blutgefüllten, dicken Schwanz mit seinen Fingern und führte den purpurroten Kopf seines Pimmels langsam und gemächlich zur Öffnung meiner Muschi. Ich stöhnte laut auf, als ich die brennende Berührung seiner feucht tropfenden Eichel an meinen unteren Lippen spürte. Dieses Gefühl war unbeschreiblich. Er bewegte sie rauf und runter zwischen meinen Schamlippen, an die er seine sickernde Flüssigkeit verschmierte. Er schaute auf mich, und seine Augen waren voller Begierde.

Er stieß nach vorne, und sein harter, dicker Schwanz drang in mich hinein. Vor Schock stöhnte ich laut auf, als ich spürte, wie durch seinen dicken Stab meine Schamlippen geteilt wurden. Der knollige Kopf seines Schwanzes schob sich qualvoll in mich hinein, während sich meine Schamlippen bis zur äußersten Grenze dehnten, um seinen Prügel zu umschließen. Mit einem lauten, feuchten Ton drang seine Eichel immer weiter zwischen meine unteren Lippen. Ich mußte tief einatmen, als ich den breiten Kopf seines Pimmels in mir spürte.

›Fühlt sich das gut an, Sue? Deine kleine, enge Fotze schluckt jetzt Daddys Schwanz. Hat sie Hunger? Sehnt sie sich nach Daddys Pimmel?‹ Er lachte.

›Nein!‹ stöhnte ich, während seine Hände sich roh in meine Arschbacken verkrallten.

Er biß die Zähne zusammen und stieß plötzlich nach vorne. Ich spürte jede Unebenheit seines Pimmels, als er ihn in mich bohrte, bis seine Spitze das Ende meiner Scheide erreichte.

Es hat höllisch weh getan. Als sein dickes Werkzeug mein Jungfernhäutchen zerriß, fühlte sich das an, als ob er einen Telegrafenmast in mich gebohrt hätte. Ich versuchte, unter ihm hervorzukriechen; mein Unterleib brannte wie Feuer, doch meine Fluchtversuche waren aussichtslos. Vater spießte mich mit seinem langen, dicken Speer förmlich auf.

›Mein Gott, ist deine Fotze eng!‹ stöhnte Daddy. Er zog meine Arschbacken hart gegen sich und drückte seinen heißen Stab fest in meinen Körper, ich hatte das Gefühl, er reichte bis zu meinem Hals.

›Ach, mein Gott‹, stöhnte ich auf.

›Gut, meine Kleine, fühl und genieß Daddys großen Pimmel. Ist es schön, von einem richtigen Mann gefickt zu werden? Lieg nur ruhig und genieß Daddys Fleisch.‹

Meine Arschbacken fest im Griff, begann er dann, wild zu stoßen. Sein dicker, geschwollener Pimmel schlüpfte ein und aus, stieß hart in mich hinein, um wieder herausgezogen zu werden. Es hat sehr weh getan, wie er mich mit harten Stößen fickte. Ich sah im Spiegel seinen Arsch, wie er sich hob und senkte.

Dann geschah etwas, womit ich nicht gerechnet hatte. Sein ungeheuer dicker Schwanz hat in meiner engen Scheide immer noch sehr weh getan, doch plötzlich spürte ich gleichzeitig auch etwas anderes. In den Schmerz mischte sich ein anderes Gefühl, eine Sensation, die mich die Schmerzen langsam vergessen ließ. Es war eine Art Geilheit. Ich wußte, ich werde von meinem eigenen Vater gefickt, nicht gerade mit Zurückhaltung genommen und rücksichtslos gefickt, ja, könnte man sagen, vergewaltigt, doch ich begann, es zu genießen. Langsam fand ich die Bewegungen seines Pimmels in meiner Fotze angenehm, ja lustvoll, und es wurde immer schöner. Als er dann ganz heftig zu stoßen begann, steigerte sich dieses angenehme Gefühl auch in mir. Es wurde immer schöner, ungefähr so, wie wenn ich meine Muschi selbst befriedigt hätte, nur irgendwie noch angenehmer, noch lustvoller. Ich begann, ihm mit meinem Arsch entgegenzustoßen, um sein Marterwerkzeug noch tiefer in mir zu spüren, und als sein Körper zu zittern und sein Pimmel zu klopfen anfing, spürte ich, wie sein heißer Samen meine Fotze füllte und wie er mit vehementer Kraft gegen meinen Muttermund stieß. Und in diesem Moment erfaßte auch mich der Krampf, genau so, wie wenn ich beim Masturbieren einen Orgasmus bekam, nur noch schöner, noch kräftiger. Und während die Lippen meines Vaters sich auf meinen Mund drückten und er seinen Pimmelsaft in meine Fotze spritzte, erlebte auch ich den Höhepunkt so intensiv wie noch nie zuvor in meinem Leben.

Daddy lag dann eine Zeitlang schwer atmend auf mir. Ich spürte das volle Gewicht seines Körpers auf dem meinen. Dann erhob er sich langsam und murmelte etwas, wie: ›Verzeih mir, mein Kind, ich konnte nicht anders. Ich mußte es tun!‹

Und ich schlang meine Arme um seinen Hals und sagte: ›Ist ja gut, Daddy. Es war schön. Du darfst es wieder machen, wenn du Lust dazu hast.‹ Gleichzeitig aber begannen auch meine Tränen zu fließen. Denn ich dachte daran, daß ich jetzt für keinen anderen Mann einen Wert mehr habe und wahrscheinlich auch von meinem Vater geschwängert wurde.

Da erhob sich Daddy und holte aus der Tasche seiner Jacke, die auf der Stuhllehne lag, etwas heraus, was aussah wie irgendwelche Medizin oder irgendwelche Tabletten. Er legte diese auf das Kopfkissen neben meinen Kopf und sagte: ›Hier, Baby, deine Antibabypillen. Jetzt muß ich sie nicht mehr heimlich in dein Essen schmuggeln.‹

Er hatte mich also nicht geschwängert. Mein Daddy! Er brauchte mich nur sehr. Und von diesem Moment an brauchte ich ihn auch. Ich streckte meine Hände aus und sagte: ›Komm, Daddy, fick mich noch einmal!‹

Und er legte sich auf mich, und wir fickten noch einmal. Dann bestimmte er: ›Ab heute schläfst du bei mir in meinem Bett!‹«

Judy und ich saßen schweigend da und waren von Sues Erzählung überwältigt. Judy spielte die ganze Zeit mit ihrer kleinen, nackten Muschi, was Sue übrigens auch tat. Gerade diese obszöne Haltung gab ihrer Erzählung eine besonders erotische Note, die uns beide, Judy und mich, in ihren Bann zog. Die Luft war mit Erotik, mit Geilheit gefüllt wie auch unsere Körper. Mein Schwanz, hart und steil nach oben gerichtet, ragte aus meiner Hose, und ich streichelte ihn sanft mit meiner Hand. Ich konnte nicht anders. Sues Erzählung war so plastisch, so ‚lebensecht‘, daß ich die Szenen, die sie schilderte, klar vor meinen Augen sah: Wie ihr Vater sie betastete und schließlich hemmungslos fickte. Und diese Bilder machten meinen Schwanz stahlhart, und ich hatte das Gefühl, ich müßte ihn in eine weiche, weibliche Fotze stoßen, um nicht verrückt zu werden.

»Und ...«, stotterte ich mit heiserer Stimme, »und du fickst seitdem mit deinem Vater?«

»Ja, wir ficken fast jeden Tag«, sagte Sue, als ob dies die natürlichste Sache der Welt wäre. Sie versuchte, mit ruhiger Stimme zu sprechen, aber auch in ihrer Stimme zitterte die Erregung. Mir schien, sie sprach zum ersten Mal mit fremden Leuten über diese Sache.

»Und ...«, fuhr ich fort, und ich spürte, daß in meiner Stimme die ungeheuerliche Erregung, unter der ich stand, deutlich zu spüren war, »und machst du es auch mit anderen?« Vielleicht klang auch ein bißchen Hoffnung in meiner Stimme.

Sue schüttelte den Kopf. »Nein, das darf ich nicht. Mein Vater will es nicht. Er hat mir auch verboten, mit anderen darüber zu sprechen. Es ist nämlich strafbar. Nur, da Judy eine so gute Freundin von mir ist ...« Hier verstummte sie. Sie mußte anscheinend daran denken, daß Judy zwar ihre gute Freundin ist, ich aber nicht.

Als ob Judy die Hoffnung bemerkt hätte, die in meiner Frage klang, oder aber, nur um zu demonstrieren, daß auch sie ein intimes Verhältnis zu ihrem Vater hat, kam sie zu mir und umklammerte mit ihrer Hand meinen harten, steil nach oben gerichteten Schwanz, aus dessen Spitze die hellen Perlen der Sehnsucht sickerten. Ich war dem Abspritzen sehr nahe.

Da kam auch Sue zu uns, sichtlich erregt durch ihre eigene Erzählung, durch die Erinnerung, und wahrscheinlich nicht zuletzt auch durch den Anblick meines harten Pimmels, der für sie quasi eine ‚verbotene Frucht' war. Doch, wie wir wissen, hat eben das Verbotene die größte Anziehungskraft. Da griff auch Sue nach meinem Pimmel, umklammerte ihn und schob langsam Judys Hand zur Seite. Dann, wie vom plötzlichen Einfall geführt, setzte sie sich rittlings auf meinen Pimmel. Mit dem Gesicht zu mir, schob sie sich auf meinen harten, aufgerichteten Pfahl; ihre junge Fotze, gut geschmiert durch die Säfte der Erregung, glitt sanft über meinen Pimmel, bis dieser in ihrer Lustgrotte bis zur Wurzel drin steckte. Sie umklammerte meinen Hals, schloß die Augen, und mit halb geöffnetem Mund begann sie, auf meinem Schwanz zu reiten.

Seit einer Ewigkeit steckte mein Pimmel in keiner Scheide, hat er keine Frau gefickt. Das Gefühl, wie sich die enge, schleimig schlüpfrige, süße, heiße Jungmädchenfotze an meinem Pimmel anfühlte, vermag ich nicht zu beschreiben. Mit geschlossenen Augen umklammerte ich ihren schmalen Rücken und ließ sie auf meinem Glied reiten. Sie hob ihre Scheide so hoch, bis meine Schwanzspitze aus ihr fast herausschlüpfte, um sich dann wieder niederzulassen und nach unten zu sinken, bis sie bis zum Anschlag auf meinem Pimmel aufgespießt war.

Ficken! Ficken! Ficken! Nach so langer Zeit wieder einmal ficken, mit meinem Pimmel wieder das beglückende, süße Innere einer heißen, feuchten, schmatzenden Fotze zu spüren, das war das, wovon ich immer träumte, daß war die große Sehnsucht, die meinen ganzen Körper erfüllte, so daß ich an nichts anderes denken konnte. Und nun steckte mein Schwanz in der heißen, süßen Fotze eines jungen Mädchens, das auf meinem Schoß hüpfte wie der Reiter auf einem galoppierendem Pferd, und ich spürte das heiße, so erregende, seidige Innere ihrer Scheide. Meine Sinne schwanden, ich spürte nichts anderes mehr als die Berührung dieser Jungmädchenfotze. Alle meine Gefühle konzentrierten sich nun in meinem Schwanz, der plötzlich zu pulsieren und zu klopfen begann, und während ich Sues Lustseufzer hörte, ging es bei mir los: Hinten, ganz hinten begann es, durchlief meinen Schwanz in der ganzen Länge, und unter unbeschreiblichen Lustgefühlen spritzte ich meinen Samen in die Tiefe dieser jungen Fotze, in der bisher, außer dem meinen, nur der Pimmel ihres Vaters gesteckt hatte. In mehreren lustvollen Schüben, so lustvoll, daß es schon an Schmerz grenzte, verspritzte ich meine Lust in Sues Loch, bis sich meine Hoden entleert hatten. Ich spürte noch, daß sich Sue fest an meinen Körper drückte, und hörte sie laut stöhnen, als sie ebenfalls auf dem Gipfel der Lust angekommen war. Dann blieben wir so sitzen, sie immer noch aufgespießt auf meinem Schwanz, der langsam zu schrumpfen begann.

Da haben wir den Salat! Ich glaube, Sue hat etwas ausgelöst, was nicht mehr rückgängig gemacht werden kann. Sie hat ein ‚Zeichen' gesetzt, was Folgen haben wird. Ich ahne die Fortsetzung der Geschichte. Doch will ich den Redefluß meines Patienten immer noch nicht unterbrechen. Erst höre ich ihn bis zum Ende an, um dann meine Rückschlüsse zu ziehen.

XIII

Wann Sue wegging, weiß ich nicht mehr. Die Zeit nach diesem Erlebnis ist aus meinem Gedächtnis wie weggewischt. Ich weiß nur, daß Judy und Sue noch eine Zeitlang miteinander gesprochen haben, offenbar in bester Freundschaft. Ich saß da, benebelt, völlig berauscht von dem Erlebnis, durch die Berührungen des jungen Mädchenkörpers, durch die unerhörte Ekstase des Ficks mit dem Mädchen und durch den überwältigenden Orgasmus, den ich – nach so langer Zeit – wieder im Körper einer Frau erlebt hatte.

Ich begann, meine Sinne zu sammeln, als Judy ihre Bettwäsche zusammenraffte und in ihrem Zimmer verschwand, dessen Tür sie mit einem lauten Knall zuschlug. Eigentlich war es dieser Knall, der mich in die Wirklichkeit zurückgeholt hatte. Ich stand auf und wollte in Judys Zimmer, doch die Tür ging nicht auf. Judy hatte sich eingeschlossen.

»Kindchen!« rief ich. »Was ist mit dir? Warum schließt du dich ein?«

Sie antwortete nicht. Als ich sie dann erneut fragte, meinte ich, ein Schluchzen aus Judys Zimmer zu vernehmen. Warum weint das Kind? fragte ich mich.

»Was ist mit dir los, Liebling?« fragte ich. »Warum weinst du?«

»Laß mich in Ruhe«, kam die Antwort mit weinerlichen Stimme aus Judys Zimmer. »Nenn mich nicht deinen Liebling! Du liebst mich nicht! Laß mich alleine, ich will dich nicht sehen!«

So hatte sie noch nie mit mir gesprochen. In meiner Dusseligkeit ging mir das Licht erst allmählich auf: Ja, sie ist böse, weil ich ihre Freundin gefickt habe. Aber ich tat es gar nicht! Eigentlich war Sue diejenige, die sich im wahrsten Sinne des Wortes meiner bemächtigte. Sie setzte sich einfach auf meinen steinharten, nach oben ragenden Pimmel, sie spießte sich förmlich auf, und sie begann, auf mir zu reiten. Ich saß nur da und ließ alles geschehen. Wie hätte ich widerstehen können, wie hätte ich sie abweisen können? Sie hat mich mit ihrer Erzählung unheimlich erregt. Nicht nur mich; wenn ich mich recht erinnere, waren wir alle drei bis zum Äußersten gespannt. Ihre Geschichte war so unglaublich erregend, erotisch, geil, kein Mensch hätte sie ohne Regung anhören können. Und dann die zwei nackten Mädchen vor meinen Augen, wie sie mit ihren jungen Mösen gespielt haben! Ja, sie haben vor meinen Augen ungeniert onaniert. Ich bin nicht aus Stein, daß mich das hätte kalt lassen können! Mein Schwanz stand, ich habe ihn auch liebkost, wie die Mädchen ihre Muschis. Und als Sue plötzich vor mir stand, ihre junge Fotze direkt vor meinen Augen, und dann nach unten griff, meinen Pimmel erfaßte und seine Spitze zu ihrem Fickloch führte, wie hätte ich mich wehren können, ich, der ich ja seit Jahren nicht mehr gefickt hatte! Nein, ich schlief mit keiner Frau, und das nur meiner

Tochter Judy zuliebe. Und jetzt war sie mir böse!

Da fiel mir ein, daß wir noch gar nicht zu Abend gegessen hatten. »Schatz!« Ich klopfte erneut an Judys Tür. »Soll ich dir etwas zu essen bringen? Ich mache dir einen Teller...«

Weiter kam ich nicht. Mit lautem Knall prallte etwas gegen die Tür. Dem Ton nach zu urteilen, war es ein Buch. »Verschwinde!« hörte ich Judy schreien. »Ich liebe dich nicht mehr, ich will dich nicht mehr sehen!« Die letzten Worte lösten sich in Schluchzen auf.

Na, mir ist es gleich, dachte ich. Die Göre ist jetzt aufgeregt, sie wird sich schon beruhigen. Am besten lege ich mich gleich hin.

Das tat ich auch. Doch einschlafen konnte ich nicht. Meine Gedanken kreisten um Judys Problem. Ich hatte sie verstanden. Sie war eine junge Frau, voller Sehnsüchte, voller körperlicher Wünsche, die ich ihr nicht erfüllen konnte. Sicher, sie wollte gefickt werden. Das war auch ihr gutes Recht. Aber ich war ihr Vater, ich konnte mit ihr kein inzestuöses Verhältnis eingehen. Einen netten, jungen Mann, den hätte sie nötig gehabt. Der hätte ihre Wünsche erfüllen können. Nicht ihr Vater.

Doch dieser Gedanke gefiel mir auch nicht. Sicherlich wäre ich auf den jungen Mann – gäbe es einen solchen – schrecklich eifersüchtig, so wie alle Väter auf den Liebhaber, ja sogar auch auf den Ehemann ihrer Tochter, eifersüchtig sind, ebenso wie die Mütter auf die Frau ihres Sohnes. Die letzteren vielleicht sogar noch mehr; das Gerede von der bösen Schwiegermutter ist nicht zufällig entstanden. Gut, ich werde mit Judy reden. Gleich morgen früh.

Ich schlief ein. Es war schon hell, als ich wieder erwachte. Ich schaute auf das Bett neben mir, es war leer. Doch ein Zettel lag darauf mit Judys Schrift. Die Tür zu ihrem Zimmer stand offen, sie war nicht mehr da. Ich schaute auf die Uhr. Ja, sie ist schon in der Schule. Ich hatte verschlafen.

Auf dem Papier stand nur: *Du liebst mich nicht, das habe ich verstanden. Ich bin nicht gut genug für dich.*

Als Judy aus der Schule kam, sagte sie nur »Hallo«. Das obligate Küßchen auf die Wange versagte sie mir. Ich hatte ihre Lieblingsspeise zubereitet, doch sie rührte das Essen kaum an. Da entschloß ich mich, mit ihr ernsthaft zu reden. Ich sagte, ich wüßte ja, daß sie eifersüchtig auf ihre Freundin sei, doch ich könnte nicht verstehen, wieso sie sich mit Sue so freundlich unterhielt, nachdem ich diese gefickt hätte, mich aber würde sie ignorieren, ja sogar abweisen. Da brach es aus ihr heraus: »Du mußt endlich zur Kenntnis nehmen, daß ich eine Frau bin, auch wenn ich deine Tochter bin. Ich habe so meine Bedürfnisse, mein Körper sehnt sich nach Berührung, nach sexueller Befriedigung. Ich will auch gefickt werden. Du kannst dich nicht immer darauf berufen, daß du mein Vater bist. Sue hat einen Vater, der sich um ihre Bedürfnisse kümmert. Sie ficken miteinander, und keiner der beiden ist daran gestorben! Sue bin ich nicht böse. Sie liebt mich, sie gibt mir Befriedigung auf eine Weise, wie eine Frau sie geben kann. Sie verschließt ihren Körper nicht vor mir, ich darf mit ihr alles machen. Ich muß aber darauf, was sie genießen darf, nämlich, daß sie regelmäßig gefickt wird, verzichten. Ich will aber auch einen Pimmel in meiner Muschi spüren, ich will die Befriedigung von einem Mann bekommen! Du verwehrst mir das, Sue hast du aber vor meinen Augen gefickt. Das kann ich dir nie vergessen!« Und aus ihren Augen strömten die dicksten Tränen.

Ich mußte sie einfach umarmen. »Paß auf, Küken«, sagte ich, »ich versuche, dir die Sache zu erklären. Denk nicht, daß ich keine Sehsucht nach einer Frau habe. Denk nicht, daß ich nicht auch regelmäßig ficken möchte wie andere Männer. Ich bräuchte das auch, und wie! Glaub auch nicht, daß du mir gleichgültig bist, daß ich nicht sehe, was für einen wunderbaren Körper du hast und wie schön du bist! Glaubst du, es läßt mich kalt, wenn ich deinen Arsch sehe? Wenn ich dir unter den Rock sehe und merke, daß du kein Höschen anhast? Meinst du, daß ich nicht bemerkt habe, daß du mich regelrecht provozierst? Daß du dich immer so hinsetzt, daß ich deine Muschi sehen kann? Meinst du, mich läßt der Anblick deiner Schamlippen kalt? Manchmal habe ich bei deren Anblick einen Ständer, der schon weh tut! Bedenke: Seit deine Mutter uns verlassen hat, habe ich keine Frau gehabt. Ich habe nur dir zuliebe auf eine Frau verzichtet, weil ich merkte, daß du eifersüchtig wurdest, sobald ich mit einer Frau sprach. Ich wollte dich schonen, ich wollte dir keine Schmerzen bereiten. Ich wollte nicht, daß eine fremde Frau über dich verfügt. Deshalb habe ich auf den Genuß, den ja jeder Mensch braucht, so viele Jahre lang verzichtet. Glaub mir, ich wäre am glücklichsten, wenn mein Gewissen mir erlauben würde, dich zu ficken. Glaub mir, ich sehne mich danach, meinen Schwanz in dein Fötzchen zu stecken und dich ordentlich durchzuficken. Ich sehne mich danach so sehr, daß es mich schmerzt. Aber ich bin dein Vater, ich darf dich nicht ficken. Kannst du das denn nicht verstehen?«

Sie schaute mich mit großen Augen an. »Aber ich will dich spüren. Ich will deinen Schwanz mit meiner Muschi spüren. Ich weiß, du hast mir schon oft gesagt, ich soll mir einen netten, jungen Mann suchen. Aber ich will keinen anderen, ich will dich! Ich will *dich* spüren! Kannst du das verstehen?«

Diesmal gab ich ihr einen Kuß auf den Mund. Einen richtigen Kuß, einen Zungenkuß. Dann sagte ich: »Du wirst mich spüren. Und ich werde dich spüren. Ich habe lange nachgedacht, wie wir einander mit unseren Geschlechtsteilen spüren könnten, ohne daß wir miteinander richtig ficken. Und ich habe eine Lösung gefunden.«

Judy sagte nichts. Sie umarmte mich nur fest, ganz fest, und küßte mich auf den Mund, wie nur eine liebende Frau den Mann ihrer Träume küssen kann.

Na, darauf bin ich wirklich neugierig, wie mein Patient das geschafft hat, die Geschlechtsteile zusam-

menzutun, ohne zu ficken. Wenn das funktioniert, hat er den Nobelpreis mehr verdient als jeder Wissenschaftler. Doch ich habe Zweifel.

XIV

Ich trug Judy ins Schlafzimmer. Ich trug sie auf meinen Armen, wie ein Bräutigam seine Braut in das Schlafgemach trägt. Ich legte sie aufs Bett und entkleidete sie. Sogleich befreite ich sie von ihrer Bluse, von ihrem Rock und half ihr aus dem Büstenhalter. Ihre jungen, apfelförmigen Brüste sprangen heraus, und wenn mein Schwanz nicht schon lange steif gewesen wäre, hätte ich bei deren Anblick sicherlich einen Harten bekommen. Mein Schwanz stand aber und beulte meine Hose vorne aus. Ich versuchte gar nicht, ihn zu verstecken; Judy sah meinen Pimmel schon oft, es war nichts, wofür ich mich vor ihr hätte schämen müssen.

Judy lag auf dem Rücken, ausgestreckt wie ein Opfer auf dem Altar während einer heidnischen Kulthandlung. Ich ergriff den oberen Saum ihres Schlüpfers und zog ihn hinunter. Judy hob gehorsam ihren Hintern und dann die Beine, damit ich ihr das Höschen ausziehen konnte. Meine gierigen Augen hefteten sich auf ihre nun entblößte kleine Fotze, auf diese so süßen Schamlippen, die ich schon so oft sehnsüchtig betrachtet hatte. Meine Erregung stieg ins Unermeßliche, weil ich wußte, daß ich die Süße dieser kleinen Fotze, der Fotze meiner Tochter, diesmal mit meinem Pimmel spüren und genießen würde.

Dann zog ich ihr die Strümpfe aus. Einzeln, damit ich, während sie ein Bein hob, ihre Pussi betrachten konnte. Schließlich lag meine kleine große Judy splitternackt vor meinen Augen auf dem weißen Bettlaken. Das Rosa ihrer Haut blendete mich. Sie schaute mich mit aufgerissenen Augen an, ihre Wangen glühten vor Erwartung und Erregung.

Schnell warf ich meine Kleider ab und binnen Sekunden stand ich nun ebenfalls splitternackt vor meiner Tochter. Mein erigierter Pimmel stand dunkelrot und wie eine Lanze vor meinem Körper. Ich kniete mich und beugte mich über Judy. Ich ergriff ihre Füße, hob sie an und schob sie auseinander. Ihre Fotze lag nun völlig entblößt vor meinen Augen, die Schamlippen teilten sich ein wenig und ließen etwas von dem feucht glänzenden rosa Inneren sehen. Judys Beine waren nun in der Fickposition. An der Spitze meines Schwanzes erschien auch der erste helle Tropfen der Vorfreude. Ich beugte mich nach unten und drückte meinen Mund auf Judys Fotze. Meine Zunge suchte den Weg zwischen den Schamlippen, bohrte sich dazwischen und erkundete das duftende, erregte Innere.

»Mein Schatz«, sagte ich dann, »halt die Beine schön weit gespreizt und zieh deine Schamlippen mit beiden Händen auseinander. Ich werde meinen Schwanz längs dazwischenlegen. So können wir einander fühlen, und wenn ich mich bewege, reize ich deine Muschi damit, und du bekommst den schönsten Orgasmus.«

Judy wußte zuerst nicht, wie ich es gemeint hatte,

aber dann, als ich meinen Pimmel zwischen ihre weit geöffneten Schamlippen legte, so, wie ein Würstchen in einem aufgeschnittenen Brötchen liegt, hatte sie es verstanden. Sie genoß die Berührung meines Schwanzes mit ihrer kleinen Möse sichtlich, genauso wie ich mich im siebten Himmel fühlte, als ich den feuchten Eingang ihrer Fotze mit meinem Schwanz spürte, allerdings nur an der Unterseite. Aber auch so war diese Berührung beglückend. Es war fast wie beim Ficken.

Ich begann tatsächlich, leichte Fickbewegungen zu machen, indem ich meinen Schwanz entlang Judys geöffneter Fotze hin und her schob. Ich spürte deutlich, daß mein Schwanz dabei auch entlang ihres Kitzlers rieb, und Judys Stöhnen zeugte davon, daß sie dieses Spiel genoß. Ich war mir sicher, daß sie auf diese Weise zum Orgasmus kommen würde, wie auch ich mich der Ejakulation näherte. Die Spannung war übergroß, aber auch meine Freude. Denn ich hatte eine Methode gefunden, wie wir, meine Tochter und ich, einander Freude und Genuß schenken konnten, wie wir gegenseitig die Geschlechtsorgane des anderen genießen konnten, ohne daß ich dabei meine Tochter tatsächlich ficken mußte. Heute weiß ich, daß ich mich selbst getäuscht hatte, denn es war doch Ficken, auch wenn sich mein Schwanz nicht im Inneren ihrer Scheide befand. Es war eine pharisäische Einbildung ‚unschuldig' zu sein, es war sogar dumm von mir anzunehmen, daß durch diese halbe Sache nicht genau dasselbe geschah wie das, was ich zu vermeiden glaubte.

Für uns beide war das jedenfalls ein unbeschreiblicher Genuß, eine Art Wollust und Glücksgefühl. Meine Bewegungen wurden immer heftiger, ausladender, meine Stöße immer länger. Ihre Scham sonderte immer mehr glitschige Flüssigkeit ab, was die Bewegungen noch genüßlicher machte.

Und das war auch die Ursache dessen, was dann geschah. Einmal, als ich mich ganz zurückzog, um dann meinen Pimmel nach vorne zu schieben, geriet mein Schwanz ein bißchen zu weit von ihrer Fotze weg. Da er von meinem Körper abstand und seine Spitze also teilweise nach unten zeigte, gelangte sie ziemlich weit unten zwischen Judys Schamlippen. Meine Eichel befand sich plötzlich am Eingang ihrer Scheide und war von den weichen Schleimhäuten meiner Tochter umgeben.

Das Gefühl war unbeschreiblich. Ich erstarrte, war nicht fähig, eine weitere Bewegung zu machen, ja, nicht einmal zu denken. Ich spürte Judys Fotze an meiner Eichel und wurde durch dieses Gefühl paralysiert. Ich wollte es nicht, aber plötzlich befand sich mein Pimmel teilweise in der Fotze meiner Tochter. Ich wollte sie nicht ficken, nicht *richtig* ficken, aber ich war auch nicht fähig, mich aus ihr zurückzuziehen. Ich hätte lieber mein Leben hingegeben, als auf dieses Gefühl zu verzichten.

Mrs. Blake, ich weiß, es ist verrückt, aber es war nun einmal so. Ich wollte nicht, daß sich mein Pimmel in meiner Tochter befindet, ich wollte aber auch nicht, daß er nicht da ist. Ich weiß, wäre ich meinen Vorsätzen treu geblieben, hätte ich mich sofort zurückziehen müssen und im Folgenden darauf achten müssen, daß diese Situation nicht wieder vorkommt. Aber, wie ich sagte, war ich paralysiert, unfähig einer einzigen Bewegung, eines einzigen Gedankens.

Judy war diejenige, die die Situation nutzte und dadurch unserem gemeinsamen Schicksal eine Wende gab. Ich spürte nur, daß sich ihre beiden Hände auf meine Gesäßbacken legten und sie fest umklammerten. Sie zog mich an sich, und in selbem Augenblick hob sie ihren Hintern und stieß heftig mit ihrem Bekken gegen mich. Ich hörte ihren Aufschrei, als mein Pimmel ihr Hymen durchriß, ich spürte, wie mein Schwanz in seiner ganzen Länge in ihr glühendes, feuchtes Loch eindrang. Mein Pimmel befand sich bis zum Anschlag in Judys Fotze.

Ich war wiederum erstarrt. Es war ein überwältigendes Glücksgefühl, die Fotze meiner kleinen Tochter, meines eigenen Fleisches und Blutes, mit meinem Schwanz zu spüren, und ich finde auch heute noch keine Worte, um dieses Gefühl zu beschreiben. Es geschah, was ich nicht wollte, aber mir war klar, daß ich mich seit langer Zeit nach diesem Moment sehnte, daß dies mein heimlicher Traum war, den ich auch mir selbst nicht gestehen wollte. Nun lag ich auf meiner Tochter, der Schwanz tief in ihrer Scheide, und wagte es nicht, mich zu bewegen. Für nichts auf der Welt wäre ich bereit gewesen, meinen Schwanz aus diesem Paradies zurückzuziehen, aber auch bewegen wollte ich mich nicht, um meiner so geliebten Tochter keine Schmerzen zu bereiten. Ich wußte nur zu gut, wie schmerzlich eine Entjungferung für eine Frau ist. Ich habe die schmerzende Wunde verursacht, auch wenn Judy es so wollte, denn sie hatte die Initiative ergriffen, sobald sie die Situation erkannt hatte. Sie hat sich dadurch, daß sie sich sozusagen selbst deflorierte, ihren langgehegten Wunsch erfüllt, den Schwanz ihres Vaters endlich in ihrer Fotze zu spüren. Sie hat sich mir geschenkt, um selbst beschenkt zu werden.

Wiederum war es Judy, die bestimmte, wie es weitergehen sollte. Wir lagen so ineinandergekeilt, eng umschlungen und lange bewegungslos. Nur unsere Münder waren beschäftigt, weil wir uns leidenschaftlich küßten. Dann, nach einer endlos lang scheinenden Zeit, spürte ich, daß sich Judy bewegte. Sie machte mit ihrem Becken kleine Bewegungen, es waren echte Fickbewegungen.

»Tut es dir sehr weh?« waren die ersten Worte, die ich fähig war, aus mir herauszupressen.

»Nicht mehr«, sagte Judy. Daraufhin wagte ich auch, mich langsam ihren Bewegungen anzupassen, indem ich mich ein wenig, nur wenige Zentimeter, aus ihr zurückzog, um meinen Schwanz dann langsam und vorsichtig wieder in sie hineinzuschieben. Diese anfänglich zaghaften Bewegungen gingen dann langsam in ein richtiges Ficken über, und plötzlich befanden wir uns mitten in einem wilden Ritt. Ich erkannte, daß Judys Stöhnen keinesfalls von Schmerzen herrührte, sondern der Ausdruck unendlich großer Lust und Wollust war. Ja, sie hechelte genau so wie früher, wenn sie bei unseren Spielen den Höhepunkt erreichte. Auch mein Geschlecht war bis zum Äußersten gespannt und erregt, und sehr bald verspürte ich das Pochen in meinem Pimmel, als er zu spritzen begann, und ich verströmte meinen Samen in die Tiefe der Fotze meiner Tochter. Vielleicht noch nie in meinem Leben habe ich solche Lust verspürt wie in diesem Moment. Ich habe meine eigene Tocher gefickt, und ich habe dabei die höchste Lust meines Lebens erlebt.

Ich blieb auf ihr liegen, und mein Schwanz wurde nicht schlaff. Nein, er blieb ebenso hart wie vorher. So lagen wir still, ohne Worte, eng umschlungen. Meine Hände waren in Judys Arschbacken verkrallt, sie hielt mit ihren Armen meinen Hals umarmt. Ihre Wange war auf die meine gedrückt. Dann drehte sie ihren Mund zu mir, suchte meine Lippen, und wir küßten uns wie ein Liebespaar. Denn das waren wir auch. Vater und Tochter waren wir nur für die Außenwelt; für uns beide waren wir Liebende.

Und bald darauf begannen wir, uns wieder zu bewegen. Wir fickten erneut. Ohne mich aus ihr zurückzuziehen, fickte ich meine kleine Tochter noch einmal. Was mich mit heller Freude erfüllte, war, daß sie dabei auch einen Höhepunkt erreichen konnte. Dabei stöhnte und schrie sie, warf ihren Arsch in die Höhe, um meinen Stößen entgegenzukommen, und ihre Fingernägel krallten sich in meinen Rücken. Es tat weh, aber auch diesen Schmerz konnte ich genießen, denn er zeigte, daß meine Tochter glücklich war.

Mrs. Blake, ich finde keine Worte, um das Gefühl

zu beschreiben, was mir die Berührung ihrer Scheide bereitete. Ich liebte auch meine Frau, Judys Mutter, und zwar abgöttisch. Das Ficken mit ihr war der Himmel auf Erden. Doch diesmal war es noch viel schöner, so schön, wie ich es mir früher nie vorstellen konnte. Es war nicht nur die sexuelle Vereinigung mit einer Frau, und zwar mit einer sehr jungen Frau, es war wesentlich mehr! Diese besondere Würze an der Sache war die Tatsache, daß es mein Fleisch und Blut, mein eigenes Kind war, mit dem ich die Wollust der Liebe genossen habe. Es war irgendwie verrucht, sündhaft, illegal, verboten und vielleicht eben deshalb besonders schön und genußvoll. Ich habe meine Seele dem Teufel verkauft – dachte ich mir – aber einen Teufel bin ich bereit, den Handel rückgängig zu machen. Ich habe eine Höhe der Lust erklommen, von dieser Spitze war ich nicht bereit herunterzusteigen.

Auch Judy war glücklich. Endlich erfüllte sich ihr Wunsch, gefickt zu werden, und zwar von dem Mann, den sie über alles liebte, von ihrem eigenen Vater. Wir befanden uns im Taumel der Lust, die Welt schien um uns herum zu einem Nichts zusammenzuschrumpfen. Es war nichts mehr da, nur wir zwei, und hauptsächlich nur in Teilen unseres Körpers: Mein Schwanz und Judys Fotze.

Na bitte! Er hat doch nicht das Ei des Kolumbus erfunden! Kein Nobelpreis! Aber er hat auch keinen Grund, sich schuldig zu fühlen. Er hat einfach die Frau gefickt, die ihm zur Verfügung stand. Machen das nicht alle Männer? Außerdem war seine Tochter diejenige, die die Initiative ergriffen und die ganze Sache eigentlich provoziert hatte. Aber sie tat ebenfalls das, was die meisten Frauen tun: Sie hatte den Mann genommen, der ihr zur Verfügung stand. Nur an die Verhütung hätten sie denken sollen. Hoffentlich resultiert aus dieser Affäre kein Kind! Ich selbst hätte auch in diesem Falle keine Bedenken, aber wir wissen, wie wenig tolerant unsere Gesellschaft heute noch ist.

XV

Es folgten zwei Tage, an die ich mich wie an einen wunderschönen, aber eben unwirklichen Traum erinnern kann. Wir kamen nicht aus dem Bett, wir saugten den Honig der neu gefundenen Freude: Wir fickten Tag und Nacht. Wir kletterten nur aus dem Bett, um schnell aufs Klo zu gehen, oder, wenn der Hunger oder der Durst schon unerträglich war, schnell etwas aus dem Kühlschrank zu holen. Aber wir beeilten uns, so schnell wie möglich wieder in unser Liebesnest zu kommen, um uns dem so lieben Spiel zu widmen.

Wir probten alle Stellungen, alle Varianten, die ich nur kannte, aus. Und Judy erwies sich als überaus gelehrige und eifrige Schülerin. Sie fand großen Gefallen an der Vielseitigkeit der Liebe, von der sie bisher nicht einmal eine Ahnung hatte. Sie wollte alles wissen, alles ausprobieren, ihre Fragen versiegten nie. Hauptsächlich wollte sie wissen, wie ich es seinerzeit mit ihrer Mama trieb, was für Spiele wir gespielt haben, wie wir einander liebten, was wir dabei gesprochen und welche Worte wir benutzt haben. Da ich mit meiner Frau so ziemlich alles ausprobiert hatte, was uns damals bekannt war, und wir uns auch in der Sprache nicht zurückhielten, habe ich Judy natürlich über alles ehrlich berichtet, und ihr Sprachschatz wuchs vom Tag zu Tag. Sie kannte alle Worte, die in

‚guter Gesellschaft' als obszön gelten, und sie verwendete sie auch gerne, weil sie merkte, daß sie dadurch nicht nur ihre, sondern auch meine sexuelle Erregung steigern konnte, was uns wiederum mehr Wollust bereitete.

Zwar war ich nicht mehr der Jüngste, aber in den langen Jahren der sexuellen Entbehrung hatte sich ziemlich viel in mir aufgestaut, besonders, da ich die körperlichen Reserven – eben wegen dieser Entbehrungen – nicht vergeudet hatte. Demzufolge war ich in diesen wenigen stürmischen Tagen außerordentlich potent, ja, ich habe sogar alle Rekorde meiner Jugendzeit gebrochen. Eine wesentliche Rolle spielte dabei der Reiz des Verbotenen, denn ich hatte ein inzestuöses Verhältnis mit meiner eigenen, leiblichen Tochter. So verspritzte ich in den wenigen Tagen mehr Sperma, als in all den Jahren davor, seit ich meine Frau verloren hatte. Und dieses Verspritzen war auch unvergleichlich lustvoller, denn ich ejakulierte nicht in meine eigene Faust oder in ein Taschentuch, sondern in eine richtige, süße, saftige Fotze, die noch dazu meiner Tochter gehörte.

Die Idylle endete an dem Morgen, an dem mich Judy mit den Worten weckte: »Heute wird leider nicht gefickt. Ich habe meine Tage bekommen!«

Wie eine Bombe explodierte die Erkenntnis in mir: Mein Gott, ich hätte ja meine Tochter schwängern können!

Im Taumel der Leidenschaft fiel mir diese Möglichkeit gar nicht ein! Für mich gab es nur zwei Dinge:

Die überhaupt nicht väterlichen Gefühle zu meiner Tochter und der Wunsch, nach so vielen Jahren sexueller Entbehrung endlich mal befriedigt zu werden. Judys Drängen hatte dabei auch eine wichtige Rolle gespielt, denn sie verwirrte mich so sehr, daß – während ich nach Argumenten suchte, um ihr den Wunsch, mit mir zu ficken, auszuschlagen – mir eben das wichtigste Argument, nämlich die Möglichkeit einer Schwangerschaft, gar nicht einfiel.

Mein Herz blieb fast stehen, als mir Judy ihre Menstruation ankündigte. Plötzlich wurde mir klar, wie unverantwortlich ich mich verhalten hatte und was für Folgen das gehabt hätte, wäre der Fall doch eingetreten. Zum Glück wurden wir – vielleicht durch eine höhere Macht – vor diesen Folgen verschont. Da wurde mir sofort klar: Entweder müssen wir mit dem Ficken aufhören, oder Judy muß geschützt werden. Zum Glück gab es schon lange die Antibabypille; wir mußten sie nur von einem Arzt verschreiben lassen. Ich überlegte mir, daß dieser Arzt derjenige sein sollte, der auch meine Frau seinerzeit behandelt hatte. Er war ein bekannter Gynäkologe, Eddie Blackstone war sein Name. Er war einige Jahre jünger als ich, doch wir haben uns im Laufe der Jahre angefreundet. Auf ihn konnte ich mich verlassen.

Die Sache war dringlich, denn ich wußte, sobald Judys Menstruation zu Ende wäre, würde sie sowieso keine Ruhe geben. Während der Menstruation konnte sie aber nicht zur Untersuchung. So blieb nichts anderes übrig, als ihr die Pille bei Eddie zu besorgen. Ich sah auch keine Schwierigkeiten, da Eddie Judy schon seit ihrer Kindheit gut kannte. Deshalb rief ich ihn an, und schon am selben Tag besuchte ich ihn nach der Sprechstunde in seiner Praxis.

Er empfing mich sehr freundlich. Er ließ uns durch seine Sprechstundenhilfe Kaffee bringen und erkundigte sich nach meinem Wohlbefinden und nach eventuellen Heiratswünschen. Ich verneinte solche und sagte, daß ich für Judy die Pille verschreiben lassen möchte.

»Oh, da muß ich sie untersuchen«, sagte Eddie. »Ich habe sie in der letzten Zeit mehrmals auf der Straße gesehen, sie hat sich wirklich zu einem sehr schönen, sehr attraktiven Mädchen entwickelt. Sie scheint auch reif genug zu sein, aber der Schein kann trügen, und es wäre doch unverantwortlich, ihr ohne Untersuchung eine beliebige Pille zu verschreiben. Du weißt, nicht jede Frau kann jede Pille vertragen, und erst nachdem ich sie gesehen habe, kann ich die für sie geeignete Marke bestimmen.«

»Sie hat ihre Periode«, sagte ich. »So kannst du sie nicht untersuchen. Aber ich möchte ihr doch die Pille gleich mitbringen. Sie ist sehr – wie soll ich sagen – ja sehr ... du weißt ja. Sie kann nicht warten, und es könnte passieren, daß ...« Ich merkte, daß ich stotterte, und ich spürte, daß ich errötete.

»Hat sie einen Freund?« fragte Eddie

»Nein – das heißt ja – nun nicht direkt ...« Ich sah, daß meine Hand, mit der ich den Kaffeelöffel hielt, zitterte. Ich spürte, daß mein Gesicht rot wurde, und ich mußte mich räuspern, weil mir die Stimme wegblieb.

Eddie sah mich mit schief gehaltenem Kopf an, und in diesem Moment wußte ich, daß er die Situation durchschaut hatte. Daß er alles wußte.

Er räusperte sich auch, dann sagte er leise: »Es kommt in vielen Familien vor. Es ist viel häufiger als du denkst. Ich finde nichts dabei.«

»Ich weiß nicht, was du meinst«, versuchte ich mein Gesicht zu wahren.

Aber Eddie herrschte mich an: »Bitte, halt mich nicht für einen Idioten. Ich kenne dich schon lange genug, um dich zu durchschauen. Du bist zu mir als dein Arzt, aber auch als dein Freund gekommen. Versuch mich bitte nicht irrezuführen. Schau dich an, du zitterst ja. Du bist rot im Gesicht, du stotterst und erzählst mir hier dummes Zeug. Du mußt dich nicht verteidigen, ich habe dich nicht angeklagt. Es ist durchaus schwerwiegend, daß du deine Tochter fickst. Aber ich wäre der letzte, der dir dafür eine Predigt halten würde. Wenn du wüßtest, was alles in den sogenannten besseren Familien geschieht! Dagegen ist dein kleiner Inzest nur ein Dummejungenscherz.«

Er machte eine kleine Pause, während der ich auch stumm blieb. Dann fuhr er fort: »Ich will dich nur auf eines aufmerksam machen: Du darfst sie nicht an dich binden. Ihr könnt jetzt euren Spaß haben, aber sie braucht einen Partner fürs Leben. Das kannst du nicht sein, das muß jemand in ihrem Alter sein. Deshalb sage ich dir: Du darfst sie nicht in einen Käfig sperren, du darfst nicht verhindern, daß sie auch andere, und zwar junge Männer kennenlernt. Sie darf nicht wie eine Nonne leben, sie muß sogar mehrere Männer kennenlernen, damit sie denjenigen auswählen kann, mit dem sie glücklich zusammenleben kann. Und sobald sie den gefunden hat, mußt du, alter Knabe, zurücktreten. Hast du daran gedacht?«

Da ich nicht mehr leugnen konnte, ohne mich lächerlich zu machen, nickte ich. »Ja, ich habe daran gedacht. Ich habe über all das nachgedacht, was du mir jetzt erzählt hast. Ich wollte die ganze Geschichte nicht, ich habe dagegen angekämpft, aber nun stehen wir vor dieser Situation.«

»Das ist nicht schlimm«, sagte Eddie. »Das kann eine Zeitlang auch so weitergehen, aber du mußt deiner Judy klar machen, daß sie auch andere Männer kennenlernen und ausprobieren muß. Daß sie sich nicht an dich binden darf. Daß sie auch mit anderen Männern ins Bett gehen soll, um diese fatale Bindung erst gar nicht entstehen zu lassen. Sie muß es tun. Das mußt du ihr klarmachen und selbst alles dafür tun, damit es auch dazu kommt. Ich weiß, daß dich die Eifersucht quälen wird, aber wenn du dein Kind liebst, und das tust du ja, ich weiß es, dann mußt du es durchstehen. Verstanden?«

Ich nickte nur stumm.

»Ich werde dir jetzt eine Pille geben. Diese ist sehr niedrig dosiert, sie kann sie ruhig nehmen. Diese Pille bietet keinen vollständigen Schutz, im ersten Monat tut das eigentlich keine Pille. Sie wird ihren Körper nur für die richtige Pille vorbereiten. Deshalb dürft ihr einen Monat lang nur mit Kondom ficken. Verstehst du? Nur mit Gummischutz. Und wenn dann ihre nächste Menstruation zu Ende ist, bringst du sie zu mir. Ich werde sie untersuchen und ihr dann die endgültige Pille verschreiben.«

Ich nickte erneut.

»Und ich werde sie bei dieser Untersuchung auch ficken!« sagte Eddie.

Ich starrte ihn an.

»Ja, das werde ich! Dann wird sie einsehen, daß sie auch mit andern Männern ficken kann, nicht nur mit ihrem Vater. Und übrigens, ich habe sie auf der Straße schon mehrmals beobachtet. Sie ist verdammt hübsch, und sie hat einen sehr erregenden Arsch. Ich habe schon lange Lust auf sie. Deshalb werde ich sie auch ficken. Wenn du willst, kannst du dabei sein. Ich werde euch helfen, aber dieses ‚Honorar' lasse ich mir nicht entgehen.«

Nanu, Kollege! Wäre ich kein Freidenker, könnte ich Ihnen jetzt einen Knüppel zwischen die Beine werfen! Das ist eigentlich Erpressung, was Sie da machen. Und den Patienten dürfen Sie auch nicht mißbrauchen. Aber, wie ich Judy aus der Erzählung ihres Vaters kennengelernt habe, wird sie wahrscheinlich keinen Einwand haben.

XVI

Mit gemischten Gefühlen ging ich nach Hause, denn nach diesem Gespräch stand eines für mich fest: Ich durfte Judy nicht an mich binden. Sie mußte und sollte ihr eigenes Leben führen und ihren Partner selbst auswählen können. Daß sie sich für mich entschieden hatte, war mein persönliches Glück, aber früher oder später brauchte sie einen Lebenspartner, der ihrem Alter entsprach. Und auch das war mir klar, daß – eben weil sie so sehr an mir hing – ich sie höchstwahrscheinlich dazu werde zwingen müssen, auch mit andern Männern zu verkehren, um Erfahrungen zu sammeln. Nur eben jetzt, in diesem Moment, war es mir nicht recht, daß sie von einem anderen Mann gefickt werden sollte, auch wenn dieser mein Freund war. Zumindest am Anfang unserer Beziehung hätte ich sie gerne für mich allein gehabt. Doch ich sah ein, daß es das Beste war, wenn Eddie sie ficken würde. Mir blieb also Judy nur noch für einen Monat; zumindest diesen einen Monat würde ich Judy ausschließlich für mich haben. In dieser Zeit würde sich die Sache so oder so entwickeln, vielleicht sogar zu meinen Gunsten.

Der Sinneswandel, der mittlerweile bei mir stattgefunden hatte, wurde mir schlagartig bewußt. War nicht ich derjenige, der Judy nicht ficken wollte? Nur der

Zufall – oder das Schicksal – hatte es dazu kommen lassen, daß mein Schwanz in ihre Fotze geraten war, und nun, da ich sie schon gefickt hatte, dachte ich, es sei gleichgültig, ob ich sie einmal oder hundertmal ficke. Warum also nicht hundertmal?

Ich erzählte Judy, daß sie diese Pillen nehmen und sich nach Ablauf eines Monats von Dr. Blackstone untersuchen lassen müsse, um dann die für sie geeignete Pille verschrieben zu bekommen. Daß sie mit dem Arzt ficken sollte, davon habe ich nichts gesagt. Unterwegs nach Hause besorgte ich auch Kondome, wie mein Freund Eddie es mir empfohlen hatte, und auch diese zeigte ich Judy. Daß sie doch noch ein Kind war, zeigte, daß sie ein Kondom sofort aufblies und an unsere Lampe band. Zu ihrer richtigen Bestimmung kamen die Präservative noch nicht, da Judy noch ihre Tage hatte.

Als es dann endlich soweit war, daß wir wieder miteinander schlafen konnten, kam die Premiere für die Kondome. Nach mehrtägiger Abstinenz stand mein Pimmel wie eine Eins, und Judy ließ es sich nicht nehmen, das Kondom eigenhändig darüberzuschieben. Mangels Erfahrung gelang es nicht besonders leicht, und als es dann endlich soweit war, daß der Gummi richtig über meinem Schwanz saß, kam es zu dessen Anwendung doch nicht. Judy schaute das Ding mit sichtbarer Abneigung an. »Und das soll in meine Muschi rein? Nie im Leben! Ich will deinen Schwanz spüren und nicht diesen Gummi!«

Auch ich war von dem Gedanken nicht begeistert,

meinen Schwanz in dieser ‚Schutzkleidung' zu betätigen, deshalb haben wir den häßlichen Gummi ohne Umschweife von meinem Schwanz heruntergerollt.

»Wir dürfen nicht leichtsinnig sein«, sagte ich, »wir können noch von Glück sagen, daß ich dich in der ersten Ekstase nicht geschwängert habe. Wir werden es so machen: Ich ficke dich ohne Gummi, aber sobald ich spüre, daß es mir kommen wird, ziehe ich ihn heraus und mache mich mit der Hand fertig, oder du wirst mir mit deiner Hand helfen. Das habe ich auch schon mal in einem Film gesehen.«

Judy war mit diesem Vorschlag mehr als einverstanden, so steckte ich ihr meinen Schwanz ohne viel Federlesens rein. Mein Schwanz fühlte sich in ihrer Fotze wie im Himmel, und auch sie genoß die Stöße meines stahlharten Pimmels. Es war wunderschön, meinen Schwanz wieder in ihrer heißen, so weichen und feuchten Fickhöhle zu spüren, und Judys Wimmern und Stöhnen sowie ihre wilden Gegenstöße zeigten, daß auch sie eine große Lust verspürte.

Ich habe versucht, meine Ejakulation so weit es nur geht zu verzögern, damit Judy voll auf ihre Kosten kam, doch die Zurückhaltung der letzten Tage während Judys Periode löste sie ziemlich schnell aus. Sobald ich das Pochen in meinem Pimmel verspürte, riß ich mich aus Judys Loch (leicht fiel es mir nicht) und versuchte, meinen Schwanz mit der Hand zu erfassen. Doch es war schon fast zu spät, denn kaum war die Spitze meines Schwanzes frei, begann er schon zu spritzen. Ich legte mich schnell auf Judys Bauch, so daß mein pochender und spritzender Schwanz zwischen unsere Körper geklemmt wurde, und verspritzte meine Lust auf den Bauch meiner Tochter.

Sobald ich einigermaßen zu mir kam, säuberte ich sie mit einem Tuch. Ich sah ein, daß ich besser aufpassen und mich viel früher zurückziehen muß, um keine Schwangerschaft zu riskieren. Zwar hatte mein Freund Eddie mich gewarnt, mich nicht auf den Coitus interruptus zu verlassen und nicht ohne Gummi zu ficken, weil nicht nur bei der Ejakulation, sondern auch schon früher Samenzellen aus dem Schwanz sickern können, auch wenn die Wahrscheinlichkeit gering sei. Und eben diese ‚geringe Wahrscheinlichkeit' veranlaßte mich dazu, eben das zu tun, was wir taten. Es war sehr leichtsinnig von mir, das muß ich im Nachhinein eingestehen. Wir hatten allerdings Glück, Judy wurde nicht schwanger.

Den ‚Rückzieher' versuchte ich dann rechtzeitig zu bewerkstelligen, deshalb endete unser Liebesspiel meist damit, daß ich meinen Schwanz noch kurz mit der Hand bearbeitete, bevor es bei mir losging und ich meinen Samen auf Judys Körper sprühte. Mal gelangte mein Sperma auf ihren Bauch, mal auf ihre Titten, manchmal bekam sie auch einiges ins Gesicht, was sie allerdings nicht störte. Meistens verrieb sie meine Pimmelsahne (wie sie es nannte) auf ihren Brüsten, wahrscheinlich nach dem Vorbild eines Pornovideos, das wir uns gemeinsam angeschaut (und danach sehr schön gefickt) hatten. Aber es passierte auch – je nach dem, wie sie gelaunt war – daß Judy mich mit ihrer

Hand zu Ende brachte, was natürlich viel genußvoller war, als wenn ich es mit meiner eigenen Hand machte. Ja, sie hat ab und zu auch ihren Kopf gehoben und meinen Schwanz in den Mund genommen. Sie hatte nichts dagegen, wenn ich ihr in den Mund gespritzt habe, und – nach Anweisungen ihrer Freundin Sue, die wir in der letzten Zeit selten gesehen haben – hatte sie auch alles hinuntergeschluckt.

Die ersten Tage verliefen im Taumel. Wir fickten bis zur Erschöpfung, wir konnten nicht genug voneinander bekommen. Doch ich mußte mich daran gewöhnen, an Judys ‚Abnabelung' zu denken. Obwohl sie sich hartnäckig gegen den Gedanken wehrte, außer mir auch mit anderen Männern zu ficken, versuchte ich, ihr die Notwendigkeit zu erklären. Um meine diesbezüglichen Anstrengungen zu unterstützen, besorgte ich einige Gruppensex-Videos sowie einschlägige Bücher und Bildbände. Judy betrachtete diese mit Interesse, ja mit Begeisterung, und wir beide lernten dabei auch einige Raffinessen kennen, die wir dann in der Praxis sofort ausprobierten. So gestaltete sich unser Sexleben sehr lustvoll, und wir lebten in einer ständigen Euphorie, in ständiger sexueller Erregung, die wir dann fleißig zu stillen bemüht waren, doch unsere sexuelle Energie schien unerschöpflich zu sein. Ich selbst erlebte einen zweiten Frühling, Judy war für mich eine Verjüngungskur, ein Jungbrunnen, und ich erlebte mit ihr Höhepunkte, die noch größer waren als in meiner Jugend mit ihrer Mutter. Als Erklärung – denke ich – dient, daß Judy meine eigene Tochter war, und die eigene Tochter zu ficken, war in meiner kleinbürgerlichen Welt etwas sehr Perverses, was auf der anderen Seite der ganzen Sache eine besondere Würze gab.

Da Judys hartnäckige Weigerung, meine Theorien (wie sie diese nannte) zu akzeptieren, versuchte ich, sie auf Umwegen damit vertraut zu machen. So schlug ich ihr Spiele vor, bei denen wir verschiedene Rollen spielten. Mal war ich der strenge Schullehrer, der sie durch Androhungen (Rausschmiß aus der Schule) dazu zwang, sich ihm gefügig zu machen. Oder sie spielte die Rolle der untreuen Ehefrau, die sich in Abwesenheit des Ehemannes dem Hausfreund hingibt. Judy spielte eifrig mit, und solange es sich nur um ein Spiel handelte, ließ sie sich von diesen ‚fremden Männern', die natürlich alle ich verkörpert habe, ficken. Ja, ich brachte sie sogar so weit, daß sie zugab, daß für sie vielleicht irgendwann mal auch ein anderer Mann in Frage kommen könnte, allerdings erst, wenn ich selbst alt und gebrechlich wäre.

So kam ich dem Ziel näher, wenn auch in nur sehr kleinen Schritten. Dann kam ihre nächste Menstruation, und als diese vorbei war, wurde sie von meinem Freund Eddie in seiner Praxis auch schon erwartet.

XVII

Wenn ich bei meinem letzten Besuch mit gemischten Gefühlen von Eddies Praxis nach Hause gegangen war, so waren jetzt, da ich mit Judy unterwegs zu ihm war, meine Gefühle mehr als gemischt. Was mich so nervös machte, war, daß ich wußte, daß Eddie sie jetzt mit blanken Händen untersuchen würde, und diese Hände mehr spüren würden, als einen Arzt interessieren dürfte. Ich wußte auch, daß er Judy ficken wollte, aber ich wußte nicht, wie Judy darauf reagieren würde. Ich hatte sie schon halbwegs überzeugt, daß sie früher oder später auch mit anderen Männern ficken müsse, doch jetzt, wo die Sache zum ersten Mal geschehen sollte, fürchtete ich, daß sie negativ reagieren könnte.

Daß ich das Ganze obendrein mit ansehen mußte – denn auf keinen Fall hätte ich Judy beim ersten Mal mit einem fremden Mann alleine gelassen – machte mich unheimlich nervös. Würde ich den Anblick ertragen können? Würde ich Eifersucht verspüren? Mit Sicherheit, denn ich war bereits im Vorfeld eifersüchtig. Gleichzeitig erregte mich der Gedanke, daß meine Tochter von jemand anderem gefickt wird. Unter diesen Umständen ertrug ich meinen steifen, erigierten Pimmel und hoffte, daß er niemandem auffällt. Ich hatte gleichzeitig das Gefühl, daß ich meine Tochter wie ein Opferlamm zum Schlachter führte und fühlte mich in meiner Haut sehr unwohl.

Eddie empfing uns mit einem freundlichen Lächeln (der Schurke!). Judy kannte ihn schon, denn wir waren uns ab und zu begegnet, deshalb war sie ganz ruhig. Wir traten in die Praxis ein. Ich spürte, daß meine Handflächen feucht wurden, was bei mir immer das Anzeichen größter Nervosität ist.

Eddie bat mich, mich hinzusetzen und fragte dann, ob ich bei der Untersuchung dabei sein möchte, was ich natürlich bejahte. Dann wandte er sich an Judy: »Na, und das kleine Fräulein? Ist es auch damit einverstanden, daß der Herr Papa es nackt sehen wird?«

Judy, schlagfertig wie immer, antwortete: »Er hat mich auch gebadet!«

Eddie reagierte mit einem Lächeln, das mir eher wie ein Grinsen vorkam, und ich wußte, was er in diesem Moment gedacht hat; nämlich, daß der Herr Papa sie nicht nur gebadet, sondern auch gefickt hat.

»Na, dann bitte ausziehen«, wandte sich Eddie an Judy.

Sie schaute sich um und suchte den Paravent, hinter dem sie sich ausziehen konnte, und der normalerweise in jeder gynäkologischen Praxis steht. Aber es war keiner da. Ich erinnerte mich, daß früher einer da war. Eddie, dieser gemeine Kerl, hatte ihn wahrscheinlich absichtlich weggeschafft. So blieb Judy nichts anderes übrig, als sich vor unseren Augen zu entkleiden.

Ich muß gestehen, daß, während sie die einzelnen Kleidungsstücke ablegte und immer mehr von ihrem nackten Körper sichtbar wurde, sich mein Penis mächtig versteifte. Aber als ich einen Blick auf Eddies Hose warf, sah ich, daß sich auch dort eine Beule entwickelte. Zwar wunderte es mich, daß ein Gynäkologe, der jeden Tag so viele nackte Fotzen sieht, beim Anblick einer nackten Frau erregt wird, da jedoch, wie er mir später erklärte, die Muschis, die er sieht, meist älteren, kranken Frauen gehören, halte sich seine Begeisterung in Grenzen.

Als Letztes legte Judy etwas schamhaft ihren Schlüpfer ab, und sie stand nun splitternackt vor uns. Ihre Hände hielt sie über ihre Muschi. Eddie nahm auf einem Stuhl Platz und winkte Judy zu sich. Als sie näher trat, erfaßte er ihre Arme und dirigierte sie so, daß sie jetzt zwischen seinen gespreizten Knien stand.

»Na, sehen wir mal«, sagte er, »ob das Fräulein schon geschlechtsreif ist.« Um seinen Mund schien mir die Andeutung eines schelmischen Lächelns. Als Erstes nahm er Judys Hände, die ihre Scham bedeckten, weg und legte sie seitlich an ihren Körper, so daß er direkt ihre leicht behaarten Schamlippen sah. Doch seine Augen richteten sich auf die stolz nach vorne ragenden, gut entwickelten, apfelförmigen Brüste, die mit kleinen turmähnlichen Brustwarzen geschmückt waren. Eddie legte seine Hände auf diese elastischen Kissen und begann sie erst zu streicheln, dann zu betasten und leicht zu kneten. »Hm, die Brüste sind gut entwickelt«, bemerkte er, »sie wird eine gute Mutter sein.« Doch seine Hände tanzten an Judys Brüsten nicht wie die abtastenden Hände eines

Arztes, sondern wie die gierigen Pranken eines geilen Mannes. Er versäumte es nicht, mit den beiden Daumen über Judys Brustwarzen zu streichen, die kleinen Türme zur Seite zu drücken und wieder zurückschnellen lassen, was offensichtlich nicht ohne Wirkung blieb. Judys Gesicht errötete, ja, es glühte fast, und sie wandte ihr Gesicht mit einer gewissen Scheu zur Seite, um nicht in Eddies forschende Augen sehen zu müssen, der natürlich die Wirkung seiner Handlung gerne gesehen hätte.

Dann bat er Judy, sich umzudrehen, so daß er jetzt ihre schön gewölbten Hinterbacken vor seinen Augen hatte. Mit sichtlichem Gefallen betrachtete er ihre lockenden Rundungen. Erst betastete er Judys Beckenknochen, wobei er nicht versäumte, seine Feststellungen zu bestätigen: »Schönes breites Becken. Sehr schön. Gebärfreudige Frauen haben solche breite Becken. Sie wird dir gesunde Enkel schenken, George!«

Doch seine Hände verweilten nicht lange an ihren Hüften, sondern wanderten zu eben diesen besagten Rundungen, die er mit sichtlichem Genuß zu streicheln begann. »Sehr schön«, sagte er, »sehr schön, schön gesund!« Seine Hand verirrte sich in Judys Arschspalte, worauf sie zusammenzuckte. »Nicht doch, nicht doch, kleines Fräulein«, sagte Eddie, »ich muß ja alles untersuchen, um Ihnen die richtige Pille verschreiben zu können.« Mit diesen Worten zog er Judys Arschbacken auseinander, so daß ihre kleine, braune Rosette sichtbar wurde. Sein Finger verirrte sich gleich dorthin. Judy zuckte zusammen und wollte Reißaus nehmen, doch Eddie hielt sie zurück. »Schon gut«, sagte er, »hiermit wären wir auch schon fertig.«

Ich sah, daß die Ausbuchtung seiner Hose immer größer wurde. Er drehte Judy wieder mit dem Gesicht zu sich. Er stand auf und legte seine Hand auf Judys Schamlippen. »Jetzt werden wir dies hier untersuchen.« Damit schob er Judy sanft zum Untersuchungsstuhl, wobei er seine Hand auf ihre Arschbakken legte und sie so in diese Richtung dirigierte.

Judys Gesicht verriet Scham und Verwirrung. Mir tat meine kleine Tochter leid, doch ich muß gestehen, das Schwein in mir regte sich, denn mich erregte ihre sichtliche Erniedrigung, und auch mir wurde meine Hose zu eng.

Judy mußte auf den Untersuchungsstuhl klettern, und Eddie brachte sie in die richtige Stellung. Sie mußte sich ganz zurücklehnen und ihre Unterschenkel in die an beiden Seiten des Stuhles angebrachten Halterungen legen, so daß sie nun mit gespreizten Beinen dalag, ihre Scham unseren Augen völlig ausgeliefert. Sie versuchte, ihre Knie etwas zusammenzudrücken, um die Partie zwischen ihren Schenkeln einigermaßen zu verdecken, doch Eddie drückte ihre Knie sofort wieder auseinander. Er schob sie viel weiter auseinander, als es nötig gewesen wäre, und genoß die offensichtlichen Schamgefühle meiner Tochter, deren Fötzchen nun völlig frei vor uns lag. Die Schamlippen hatten sich durch diese gespreizte Lage auch etwas geöffnet, so daß das rosa Innere ihrer kleinen Fotze teilweise sichtbar wurde. Mrs. Blake, ich hätte in diesem Moment Eddie ohrfeigen können und sollen, aber ich tat es nicht. Mich erregte diese geile Situation. Mein Schwanz wurde so steif, daß es schon fast weh tat.

Eddie nahm, ohne seine Augen von Judys Fotze abzuwenden, ein Paar Gummihandschuhe zur Hand und begann, den einen schon auf seine Hand zu ziehen. Doch dann schien er es sich anders zu überlegen und warf die Handschuhe einfach weg.

»Na, sehen wir mal!« Er legte seine linke Hand flach auf Judys Bauch, und mit der anderen Hand umfaßte er ihre Scham. Dann tauchte er seinen Finger in einen Tiegel, der eine fettartige Substanz, wahrscheinlich Vaseline, enthielt. »Das wird ein bißchen kalt sein«, sagte er und schmierte das Zeug auf Judys Spalte. Es muß wirklich kalt gewesen sein, denn Judy zuckte etwas zusammen. Dann drang der Zeigefinger des Arztes langsam zwischen ihre Schamlippen.

Judy schloß die Augen und legte einen Arm über diese. Nicht nur ihr Gesicht, sondern ihr ganzer Kopf glühte über den Hals bis zur Brust in der Röte der Scham.

Eddies Finger bewegte sich in ihrer Spalte. Er schob seinen Finger tief in sie hinein und konnte sich die Bemerkung nicht verkneifen: »Ach, das kleine Fräulein ist keine Jungfrau mehr. Wer ist denn der Glückliche?«

Judy antwortete nicht. Eddies Finger begann, in ihrer Fotze zu wühlen, wobei sein Daumen mehrmals über Judys Klitoris strich, die bei dieser Berührung jedesmal zusammenzuckte. Eddie versuchte schamlos und unverhohlen, sie zu erregen. Das schien ihm auch zu gelingen, denn schon nach kurzer Zeit begann Judy, auf diese Stimulation zu reagieren. Ihr Becken hob sich kaum merklich, doch wahrnehmbar jedesmal, wenn der Daumen des Arztes ihre Klitoris berührte. Ja, ihre Klitoris versteifte sich und trat sichtbar aus den Hautfalten heraus.

Judy hielt ihre Augen mit ihrem Unterarm bedeckt, so gab mir Eddie mit einer Kopfbewegung das Zeichen näherzutreten. Als ich aus unmittelbarer Nähe sah, wie sein Finger in der Fotze meiner Tochter wühlte, stieg meine Erregung an, so daß ich meinen steifen Schwanz durch den Stoff der Hose mit einer Hand umklammern mußte. Eddie warf mir ein wissendes Lächeln zu.

Seine andere Hand entfernte sich nun von Judys Bauch, und mit zwei Fingern derselben Hand öffnete er ihre Schamlippen. Das ganze rosafarbene und naß schimmernde Innere ihrer Fotze wurde sichtbar. Ihr Kitzler stand völlig erigiert im oberen Teil ihrer Fotze. Die äußeren und inneren Schamlippen waren nun durch zwei Finger des Arztes zur Seite geschoben und ließen den Eingang zu Judys Scheide deutlich sehen.

»Tut es weh?« fragte Eddie, doch Judy antwortete nicht. Daraufhin fuhr Eddie sie im strengen Ton an: »Sie müssen schon antworten, wenn ich Sie etwas frage. Tut es weh?«

Judy schüttelte den Kopf verneinend. »Ich höre nichts«, quälte sie Eddie weiter, worauf sie ein leises Nein verlauten ließ. »Dann ist es gut«, sagte Eddie mit einem frechen Grinsen im Gesicht.

Sein Finger begann sich jetzt in Judys Fotze zu bewegen. Er schob ihn rein und raus, rein und raus, er fickte sie förmlich mit dem Finger. Judys Beckenbewegungen wurden nun eindeutiger. Das Mädchen war sichtlich erregt. Kein Wunder bei dieser Behandlung.

Da zog Eddie seinen Finger aus Judys Scheide heraus und begann, mit der Fingerspitze ihre Klitoris zu stimulieren. Die Bewegungen von Judys Unterkörper wurden jetzt noch intensiver, und sie ließ ein leises Stöhnen hören. Eddies Finger bewegte sich immer schneller auf Judys Kitzler, während er fragte: »Reizt dich das, was ich mache? Macht es dich erregt?«

Erst als er diese Frage zum zweiten Mal stellte, ließ Judy eine leises Ja hören, und unmittelbar danach bekam sie einen Orgasmus. Das war nicht nur an ihren mir so bekannten Bewegungen zu erkennen, sondern auch am lauten, schnellen Atmen, das ich schon so oft von ihr gehört hatte. In diesem Moment konnte ich nicht widerstehen, ich holte meinen steil aufgerichteten Schwanz aus der Hose und begann, ihn zu streicheln.

Eddie steckte seinen Finger in Judys Scheide, um ihr den Orgasmus noch lustvoller zu machen. Danach hielt Eddie seinen Finger unbewegt, bis die Wellen der Lust in Judys Körper abgeklungen waren. Kaum hatte sie sich aber beruhigt, begann er erneut, ihren Kitzler zu reizen. Judy, die bisher ihre Augen mit ihrem Unterarm bedeckt hielt, hob jetzt den Arm, drehte ihren Kopf zur Seite und schaute mich an. Ihr Körper wand sich erneut unter Eddies Fingerspiel. Sie sah, daß ich erregt meinen freigelegten Pimmel streichelte. Daraufhin streckte sie eine Hand in meine Richtung aus. Ich war mit wenigen Schritten bei ihr und postierte meinen Pimmel direkt vor ihrem Gesicht. Sie umfaßte ihn mit ihrer Hand und drückte einen Kuß auf seine Spitze.

Eddie griff nun mit einer Hand zu seinem Hosenschlitz und öffnete ihn. Hervor kam sein steil aufgerichteter, von der Blutfülle rötlich schimmernder Schwanz. Mit der Spitze seines Schwanzes begann er jetzt, Judys Kitzler zu reizen. Da sich die Berührung von der eines Fingers unterschied, hob Judy nun erstaunt den Kopf und schaute nach unten. Sie erblickte Eddies Schwanz, und nach einem Moment des Überlegens schaute sie mich mit teils fragender, teils ablehnender Miene an. »Muß das sein, Daddy?« fragte sie. Ich nickte nur stumm und signalisierte ihr mein Einverständnis. Judy sagte aber: »Ich will es nicht! Muß es wirklich sein?«

In diesem Moment steckte Eddie die Spitze seines Pimmels in Judys Scheide. Ihren Widerstand ignorierend schob er ihn langsam ganz tief in ihre Fotze. Judys Protest verstummte. Sie schloß die Augen, warf ihren Kopf nach hinten, und ihr Griff an meinem Schwanz verstärkte sich. Eddie begann, sie langsam zu ficken. Ich sah deutlich seinen Kolben in der engen

Scheide meiner Tochter rein- und rausfahren, ich sah, wie er langsam bis zum Anschlag zwischen den Schamlippen verschwand, um dann, von Judys Säften glänzend, wieder langsam ganz herausgezogen zu werden, bis nur noch die äußerste Spitze seiner Eichel die Schamlippen meiner Tochter teilte. Dann schob sich sein großer Schwanz wieder in die Tiefe ihrer Lustgrotte.

Eddies Fickbewegungen wurden alsbald schneller; er fickte Judy mit ausladenden Stößen, und Judy antwortete auf seine Stöße mit heftigen Bewegungen ihres Arsches. Sie fickte mit. Meine Erregung stieg ins schier Unermeßliche. Ich dirigierte meine Schwanzspitze an ihr Gesicht und drückte meine Eichel auf ihre Lippen. Judys Mund öffnete sich und nahm meine Eichel auf. Ihre Zunge umschmeichelte die Furche unter meiner Eichel, und sie begann, meinen Schwanz zu lutschen und daran zu saugen. Ich reagierte mit winzigen Stößen.

Die Luft war mit unserem Stöhnen und Ächzen erfüllt. Wir waren wie drei fickende Tiere. Judy bekam einen enormen Orgasmus, ihre Schreie waren laut, obwohl mein Schwanz ihren Mund ausfüllte. Kurz darauf kam nicht weniger vehement ihr zweiter Höhepunkt. Auch Eddies Fickbewegungen wurden immer schneller, an seinem zusammengezwickten Arsch erkannte ich, daß er dem Spritzen schon sehr nahe war. Dann plötzlich riß er mit einem langgezogenen »Aaaah« seinen Schwanz aus Judys Fotze, umfaßte ihn mit seiner Hand, machte zwei oder drei schnelle Bewegungen, verharrte für einen Sekundenbruchteil und spritzte eine Unmenge Samen auf Judys Bauch.

Mich wunderte, daß er nicht in Judys Scheide kam, doch ich war zu sehr erregt, um ihn zu fragen, warum er es tat. Er nahm auch gleich Papiertücher und säuberte Judys besudelten Bauch.

Kaum hatte er sich zurückgezogen, nahm ich seine Position zwischen Judys Schenkeln ein und steckte meinen Schwanz in ihre sehr feuchte Grotte. Ich begann, sie zu ficken, und sie antwortete auf meine Fickbewegungen ebenso wie auf die von Eddie: Sie fickte eifrig mit.

Es war ein unbeschreiblich geiles Gefühl, meinen Schwanz in Judys Scheide zu spüren, wo sich vor kurzem der Pimmel eines anderen Mannes befand. Ich fickte sie sehr schnell, und sie bekam gleich einen weiteren Orgasmus. Dann ging es auch bei mir los, und ich schoß meine Ladung tief in Judys bebende Fotze.

Ich war wie benebelt, so daß ich mich nicht mehr erinnern kann, wie sich Judy anzog und wie wir nach Hause gekommen sind. Ich weiß nur noch, daß ich Eddie fragte, warum er seinen Schwanz beim Spritzen herausgezogen hat. Er lachte. »Das tue ich immer. Hauptsächlich aus Vorsicht. Ich weiß nicht, ob sie die Pille, die ich dir für sie gab, tatsächlich genommen hat. So kann ich leugnen, daß ich sie je gefickt habe. Aber wenn sie dabei schwanger wird, bin ich dran. Übrigens, sie kann dieselbe Pille nun weiterhin regelmäßig nehmen; sie ist sehr zuverlässig.«

Ich kann mich noch gut daran erinnern, daß ich Judy erneut gefickt habe, als wir zu Hause ankamen. Als ich sie dann fragte, ob ihr das Bumsen mit ihrem Arzt gefiel, hat sie es bejaht. Und als ich fragte, ob sie das gerne wieder tun würde, antwortete sie mit »Ja«.

XVIII

Das Eis war also gebrochen. Judy war bereit, ihre Schenkel auch anderen Kerlen zu öffnen. Ich will nicht behaupten, daß ich darüber sehr erfreut gewesen wäre. Ich mußte mächtig mit meiner Eifersucht kämpfen. Aber meine Vernunft sagte mir, daß dies so richtig ist. Ich durfte sie nicht an mich binden, ihr zukünftiges Glück stand auf dem Spiel. Trost gab mir nur die Tatsache, daß sie sich auch weiterhin gerne, ja, ich kann sagen, mit Vorliebe von mir bumsen ließ. Für sie war ich auch weiterhin der erste Mann und die wichtigste Person in ihrem Leben.

So fickten wir weiterhin, aber ab und zu kam auch Eddie zu uns zu Besuch, und dann verbrachten wir die halbe Nacht zu dritt. Den Vortritt habe ich ihm als Gast überlassen, das heißt, er durfte als erster seinen Schwanz bei Judy reinstecken. Natürlich geschah es meistens nach einem gemeinsamen Abendessen, wonach wir auch mal einen Pornofilm angeschaut haben. Diese hat immer Eddie mitgebracht, er hatte eine Sammlung guter Videokassetten. Es waren nicht diese am laufenden Band produzierten billigen Streifen, sondern Videoversionen großer amerikanischen Kinofilme mit guten Darstellern, guter Regie und guter Bildqualität. Diese Filme hatten dann ihre Wirkung auch auf Judy, die oft bereits während des Anschauens an ihrem Fötzchen manipulierte. Als sie dann auch unsere Schwänze aus den Hosen befreite und mit beiden Händen je einen Schwanz massierte, war sie längst bereit, auch ihre Schenkel zu öffnen.

Allerdings dauerten Eddies Besuche nicht lange an. Nach einiger Zeit verlor er sein Interesse an Judy, denn er hatte zu viele Kontakte zu anderen Frauen. Da begann sich Judy auch für Jungs ihres Alters zu interessieren. Ich warnte sie, sich gut zu überlegen, von welchem Jungen sie sich ficken läßt, und ich muß sagen, sie war wirklich wählerisch. Charakteristisch für ihr Verhältnis zu mir war, daß sie mich vorher immer um meine Meinung gefragt hatte, und erst, wenn ich zustimmte, ließ sie sich von dem jeweiligen Jungen auch bürsten.

Leider geschah dies nicht bei uns, sondern in einem parkenden Auto, auf einer Parkbank in der Nacht oder auf der Bude des Jungen. Aber sie berichtete mir dann über ihr jeweiliges Abenteuer, und sie schilderte die Sache so minuziös, daß ich es fast vor meinem geistigen Auge sah, wodurch sie mich natürlich ungemein aufgeilte, und ihre Schilderung endete immer mit einer wilden Fickerei.

Oft habe ich ihr gesagt, daß ich einmal gerne zuschauen würde, vielleicht auch versteckt, so daß ihr Partner nicht bemerkt, daß jemand sie beim Ficken beobachtete, aber es ließ sich leider nie so einrichten. So war ich stets auf Judys genaue Schilderungen angewiesen.

Bis sich dann einmal doch die Gelegenheit bot zuzuschauen, wie Judy von jemandem gefickt wurde. Es war ein sehr aufreizendes Erlebnis für mich:

Eines Tages wandte sich Judy an mich, ich soll sie beraten, wie sie einen Jungen dazu bringen kann, mit ihr ins Bett zu steigen. Das war neu für mich, denn bis dahin brauchten die Jungs keine Ermunterung; Judy wurde von ihnen förmlich belagert. Ich fragte Judy, warum es für sie so wichtig sei, mit diesem Jungen zu bumsen, wo sie doch mehr Angebote bekam, als sie wahrnehmen könnte. Nach etwas Zögern gestand mir Judy, daß sie sich in diesen jungen Mann ein bißchen verknallt hätte. Es wäre ein sehr netter, sehr intelligenter Student aus gutem Hause, mit ausgezeichneten Manieren und gut aussehend. Aber er wäre sehr schüchtern, und Judy hatte das Gefühl, daß er noch nie etwas mit einem Mädchen gehabt hat. Sie konnte bei ihm nur erreichen, daß er ein wenig fummelte, doch sobald es begann, zu heiß zu werden, habe er immer einen Rückzieher gemacht und unterbrach unter verschiedenen Vorwänden das Rendezvous.

Ich empfahl Judy, den Jungen zu uns einzuladen, damit ich mit ihm sprechen kann. Ich sagte, ich werde ihm schon das Bumsen beibringen, und wenn es nicht anders geht, führe ich ihm das mit Judy sogar vor, wenn es nötig ist. Wenn er dann noch kneifen würde, dann soll Judy auf ihn lieber verzichten, weil sie mit ihm dann nie ein glückliches Leben führen könne.

Marc kam dann eines späten Nachmittags. Es war ein wirklich sympathischer Junge, zwei Jahre älter als Judy. Er war Student, hatte gute Manieren und alles deutete darauf hin, daß er Judy später eine gute Existenz sichern und eine gute Ehe mit ihr führen könnte. Das Einzige, was störte, war seine Unsicherheit, seine übertriebene Zurückhaltung und Schüchternheit.

Zuerst habe ich ihn über seine Verhältnisse ausgefragt. Er lebte bei seiner verwitweten Mutter, die ihn alleine aufgezogen hatte; an seinen früh verstorbenen Vater konnte er sich kaum mehr erinnern. Ich habe ihn, während Judy uns in der Küche ein Abendessen vorbereitete, auch über seine Sexualität ausgefragt. Ja, er hatte sporadisch Erfahrungen gesammelt, allerdings nur mit einer Frau, ansonsten befriedigte er sich regelmäßig selbst. Er liebte Judy von ganzem Herzen, nur er dachte, er wäre ihr nicht würdig, eben wegen seiner Erfahrungen mit der besagten Frau. Ja, er wisse, daß Judy viel mehr Erfahrungen habe als er, das würde ihn auch nicht stören, aber immer, wenn er sich entschloß, mit Judy zu schlafen, überkam ihn eine Angst, daß Judy ihn eines Tages verachten könnte. Panik sei über ihn gekommen, so daß er sich lieber zurückgezogen hätte.

Der Junge gefiel mir, aber ich witterte etwas nicht Alltägliches hinter seiner Schüchternheit, und ich hatte das Gefühl, daß er wegen seiner bisherigen geringen Erfahrungen irgendwie mit Schuldgefühlen kämpfte. Ich erklärte ihm, daß eine gesunde Sexualität die Grundlage einer guten Zweierbeziehung sei.

Ich dachte nach, wie ich ihn zum Sprechen bringen könnte. Während des Abendessens sprachen wir kaum, so hatte ich Zeit zum Nachdenken. Als Judy dann den Tisch abräumte, hatte ich mir ein Gesprächskonzept zurechtgelegt.

Zuerst brachte ich Marc dazu, über seinen Alltag, über sein Studium, über seine Interessen zu sprechen. Was er erzählte, war in Ordnung, seine Ansichten schienen gesund, seine Interessen vielseitig zu sein, und die Art und Weise, wie er sich ausdrückte, zeugte von hoher Intelligenz und Belesenheit.

Ich versäumte nicht, während dieses Gesprächs die Gläser fleißig nachzufüllen und sorgte dafür, daß Marc auch fleißig vom ‚Hochgeistigen' konsumierte. Als ich dann sah, daß er für die entscheidende Frage reif war, fragte ich ihn, ob er Judy liebt. Er hat das bejaht. Dann fragte ich, wie seine Pläne bezüglich Judy aussähen. Er sagte, er möchte sie heiraten. Daraufhin nahm ich ihn mir vor.

»Mein Junge, ich habe nichts gegen deine Pläne, besonders, weil ich glaube, daß auch Judy dir gegenüber echte Gefühle hegt. Aber da ist ein Punkt, den wir klären müssen. Meine Tochter ist ein gesunder Mensch mit gesundem sexuellen Appetit, der befriedigt werden muß, wenn man eine normale Ehe führen will. Du hast aber Hemmungen, ich meine, aus falsch interpretierten Gründen. Wie du weißt, hat Judy schon Erfahrungen mit Männern, sie werden deine Erfahrungen nicht stören. Ein erfahrener Mann kann seine Frau besser befriedigen als ein unerfahrener. Deshalb solltest du so ehrlich sein, uns zu sagen, weshalb dich wegen einer einzigen Frau, mit der du bisher geschlafen hast, Gewissensbisse plagen.«

»Das kann ich nicht sagen!« antwortete Marc.

»Das mußt du aber sagen«, war meine Antwort.

»Das geht nicht.«

»Dann liebst du meine Tochter auch nicht und mußt auf sie verzichten!«

»Das kann ich nicht!«

»Marc, das ist dumm. Irgendwie mußt du dich entscheiden. Wer war diese Frau?«

»Das kann ich nicht sagen.«

»Dann darfst du mit Judy nie mehr sprechen. Ich werde ihr jeden Umgang mit dir verbieten. Es sei denn, du sagst uns jetzt die Wahrheit. Ich frage dich nur noch ein einziges Mal, ansonsten wirst du keine Gelegenheit mehr dazu haben. Wer war diese Frau?«

Zögernd und sehr leise kam die Antwort aus Marcs Mund: »Meine Mutter.«

Noch heute muß ich lachen, wenn ich zurückdenke, was für ein blödes Gesicht Marc machte, als wir, Judy und ich, uns nach seinem Geständnis angeschaut und fröhlich zu lachen begonnen haben.

»Das ist doch kein Verbrechen, mein Junge!« sagte ich. »Stört dich das, Judy?«

Meine Tochter lachte noch immer, während sie antwortete: »Nicht im Geringsten!«

»Aber das ist doch Inzest!« sagte Marc, und wir mußten lachen, als wir sahen, wie verwirrt er über unsere Reaktion war.

»Paß auf, mein Junge! Inzest oder nicht, was ist dabei? Wir leben doch nicht mehr im Mittelalter! Auch damals war es Mode, und heute ist es etwas fast Alltägliches. Deine Mutter ist eine Frau, du bist ein Mann. Ihr habt es nötig gehabt und habt es miteinander gemacht. Na und? Deine Mutter ist nicht schwanger geworden, und alles andere zählt nicht.«

Mit viel Zureden gelang es uns, ihn dazu zu bewegen, seine Geschichte zu erzählen. Es war eigentlich nichts Besonderes. Die Mutter, jung verwitwet, zieht ihren Jungen alleine auf. Als gesunde Frau hat sie auch ihre sexuellen Bedürfnisse, doch wegen ihres Sohnes verzichtet sie auf einen Partner. Genau wie meine Geschichte mit Judy, nur mit umgekehrten Geschlechtern. Dann wurde der Junge größer, kam in die Pubertät und begann zu onanieren. Die Mutter merkt das, und sie hält die Onanie für schädlich. Da sie ihren Sohn keiner fremden Frau anvertrauen will, schenkt sie ihrem Sohn das, was er braucht, nämlich ihren Körper. Auf diese Weise bekommen beide ihre Befriedigung. Allerdings ficken sie wegen der ständigen Gewissensbisse nur selten miteinander, und beide haben deshalb Schuldgefühle. Soweit die Geschichte.

Judy und ich schauten uns an, und wir verstanden uns auch ohne Worte. Ich wußte, daß sie damit einverstanden war, Marc auch unsere Geschichte offenzulegen. So klärten wir Marc darüber auf, daß wir, Judy und ich, oft miteinander ficken.

Er wollte das zuerst nicht glauben, er dachte, wir würden das nur sagen, um ihn von seinen Schuldgefühlen zu befreien. Da wandte ich mich an Judy: »Was meinst du? Sollen wir ihm das zeigen? Vielleicht bekommt er Lust mitzumachen.«

Judy kniete vor mir nieder und öffnete meine Hose. Sie griff hinein und holte meinen Schwanz heraus, der in seiner vollen Pracht stand. Sie hielt ihn umklammert, machte einige Wichsbewegungen, dann hielt sie inne und schaute Marc an. Marc saß in seinem Sessel und schaute uns zu. In seinen Augen spiegelte sich weder Ablehnung noch Ärger, sondern Interesse und Neugierde. Da zwinkerte ich Judy zu, und sie verstand mich. Sie neigte ihren Kopf und nahm meine nun rot schimmernde Eichel in ihren Mund.

»Hej, Junge!« Ich schaute zu Marc hinüber. »Hol heraus, was du hast, damit Judy sieht, daß auch bei dir etwas zu finden ist. Mädchen wollen sehen, was wir Männer haben!«

Ich mußte ihm das nicht zweimal sagen. Marc öffnete seinen Hosenschlitz, holte seinen Schwanz heraus und begann ihn zu massieren. Er hatte zwar einen durchschnittlich großen, aber einen geraden, steifen Schwanz in der Hand. Seine Augen waren auf unser Tun gerichtet, und in ihnen blitzte außer Neugierde auch Erregung und Geilheit. Da wußte ich, wir müssen bis zum Äußersten gehen, um ihn zur Tat zu bewegen. Ich griff Judy unter die Arme und zog sie hoch. Mein Schwanz flutschte mit einem Plopp aus ihrem Mund. Ich legte sie auf die Couch. Judy zog ihre Beine an und spreizte sie. Ihr Fötzchen war geschwollen, die äußeren Lippen etwas geöffnet, so daß das Innere sichtbar wurde. Es glänzte vor Nässe und sah aus, als wäre es mit einer Glasschicht überzogen. Sie war sichtlich erregt.

»Komm, Junge, sie wartet auf dich«, sagte ich zu Marc und betonte die Einladung auch mit einer Handbewegung. Doch Marc saß nur da und bearbeitete heftig seinen Schwanz. Es war ihm anzusehen, daß er gerne mitmachen wollte, aber trotz seiner enormen Erregung seine Scheu noch nicht überwunden hatte.

Ich konnte seine Zurückhaltung nicht verstehen. »Komm, Junge!« sagte ich zu ihm. »Mädchen wollen gefickt werden. Schau, sie wartet auf dich!«

Doch Marc bewegte sich nicht. Ich sah, ich muß selbst aktiv werden.

Ich drehte Judy so, daß Marc eine gute Sicht auf ihren Unterleib bekam. Dann streifte ich die Hose ab, kniete mich zwischen die geöffneten Schenkel meiner Tochter und führte mit einer Hand die Spitze meines Schwanzes zu ihrem wartenden Loch. Meine Eichel teilte die nassen, geschwollenen Schamlippen. Bewußt langsam ließ ich meinen Pimmel in Judys Fotze einsinken. Millimeter für Millimeter, und aus den Augenwinkeln beobachtete ich Marcs Gesicht. Seine Augen, die auf uns gerichtet waren, strahlten, und seine Hand streichelte nur sanft seinen Schwanz. Offensichtlich genoß er die Szene, die sich vor seinen Augen abspielte.

Daraufhin konnte ich mich nicht mehr zurückhalten und begann, Judy heftig zu ficken. Auch Judy war sehr erregt, und sie erwiderte meine Stöße mit lebhaften Beckenbewegungen, die sie mit ihrem mir so vertrauten Luststöhnen begleitete. Wir fickten, und ich glaube, für den Moment haben wir Marc und unsere ganze Umgebung vergessen. Für mich existierte nur die Fotze meiner Tochter, in der mein aufgegeilter Schwanz tobte, und für Judy existierte eben nur dieser Schwanz, der in ihrer Fotze wühlte. Vielleicht hat die Tatsache, daß wir von jemanden beobachtet wurden, unserem Fick eine gewisse Extrawürze gegeben, weil wir später, wenn die Sprache wieder einmal auf die Ereignisse dieses Abends kam, feststellen mußten, daß dies für uns vielleicht der genußvollste Fick der letzten Zeit war.

Judys Fotze fühlte sich wunderbar an. Sie spannte ihre Beckenmuskulatur an, dadurch verstärkte sie die Reibung unserer Geschlechtsorgane, was unseren Genuß ins Unermeßliche steigerte. Wir waren in diesem Moment nicht mehr Vater und Tochter, sondern zwei extrem erregte, heftig kopulierende Tiere.

Dann spürte ich, daß es bei mir soweit ist. Der Druck, der hinten in meinem Schwanz begann, pflanzte sich nach vorne fort, und gleichzeitig durchlief mein Sperma meinen Pimmel in sieben oder acht heftigen Strömen. Ursprünglich wollte ich mich aus ihr zurückziehen, doch in meiner äußersten Erregung war ich dazu nicht mehr fähig. Ich spritzte den ganzen Inhalt meiner Hoden grunzend und röhrend vor Lust tief in die Fotze meiner Tochter. Gleichzeitig schrie auch Judy ihre Lust in mein Ohr, das nahe ihrem Mund war, denn sie hielt meinen Hals fest mit beiden Armen umschlungen.

Ich spürte dann, daß mein Schwanz zu schrumpfen begann. Ich zog ihn heraus und kniete mich hin. Judy blieb mit weit gespreizten Schenkeln liegen. Ihre Fotze stand offen, und aus ihr floß die weißliche Flüssigkeit, die ich soeben hineingespritzt hatte.

Kaum war ich von der Couch aufgestanden, erlebte ich eine Überraschung. Marc nahm meinen Platz ein, legte sich wild auf Judy und versuchte, seinen steifen Schwanz in ihre Liebesöffnung zu stecken. Da er den Eingang nicht auf Anhieb finden konnte, half ihm Judy mit ihrer Hand. Kaum versank sein Pimmel in Judys Leib, begann er, heftig zu stoßen. Ich sah seinen Arsch, wie er sich mit einem unheimlichen Tempo auf und nieder bewegte. Judy umarmte nun seinen Hals, drückte ihr Gesicht gegen das seine, und ich sah ihr an, daß sie sehr glücklich war.

Die beiden fickten wild, und ich schaute ihnen mit Wohlgefallen zu. Ich sah, daß meine Tochter glücklich war, und das war ein gutes Gefühl.

Ich habe weder mit Marc noch mit Judy jemals gesprochen, ich muß mich also auf die Erzählung des Vaters verlassen. Da er ein intelligenter Mann ist und mir als sehr glaubwürdig erscheint, kann ich versuchen, Marcs Verhalten anhand seiner Schilderung zu erklären.

Ich nehme an, daß der Junge tatsächlich voyeuristische Neigungen hatte, aber es ist auch anzunehmen, daß die Erfahrung, zu sehen, wie die geliebte Frau von einem anderen Mann gefickt wird, bei ihm etwas Ähn-

liches hervorgerufen hat wie das, was wir Pawlowsche Prägung nennen. Darauf deutet auch hin, daß er eine Vorliebe für solche Erfahrungen hat. Aber es besteht noch eine weitere Möglichkeit, nämlich, daß er wegen seines inzestuösen Verhältnisses mit seiner Mutter Schuldgefühle hat, und es quasi als ‚Strafe' hinnimmt, daß die geliebte Frau von einem anderen gefickt wird.

Es sind natürlich alles nur Vermutungen. Um ein endgültiges Urteil zu fällen, müßte ich mit Marc ein längeres Gespräch führen.

Noch eine Bemerkung: Nach dieser Schilderung kann ich meinen Patienten beruhigen und ihm versichern, daß an seinem Verhältnis mit seiner Tochter nichts Krankhaftes ist; es ist eine ganz normale Sache, die sich aus den Lebensumständen der beiden ergab, und in unserer Welt gar nicht selten ist.

XIX

Marc kam sehr schnell zur Ejakulation. Ich weiß nicht, ob Judy dabei auch einen Orgasmus erlebte, aber daß sie glücklich war, endlich von dem geliebten Jungen gefickt zu werden, war ihr anzusehen. Dann saßen wir da, alle mit entblößtem Unterkörper. Wahrscheinlich hätten wir einem Beobachter ein ziemlich verrücktes Bild geboten, doch es waren keine Beobachter da, nur wir drei. Und Judy und Marc hielten Händchen, was ich sehr rührend fand. Auch die Küßchen, die sie ab und zu austauschten.

Ich schlug vor, da nun das Eis gebrochen war, daß wir uns alle völlig entkleiden, denn so halb entkleidet empfand ich uns etwas komisch. Dann füllte ich die Gläser, und wir tranken auf den gelungenen Abend. Später saßen wir alle drei auf der Couch, Judy in der Mitte, und sie spielte mit unseren Schwänzen. In jeder Hand einen Schwanz zu halten, schien sie glücklich zu machen, aber auch wir Männer hatten angenehme Gefühle, denn dank Judys geübter Hand standen unsere Pimmel bald wieder.

Die Geilheit stieg in uns wieder auf. Ich ermutigte Marc, Judy erneut in ‚Beschlag' zu nehmen, doch er bat mich, es zuerst zu tun. Als ich ihn überrascht fragte, warum er das so will, erklärte er, daß, als er sah, wie ich Judy gefickt habe, genau dieses Bild ihn so erregt hatte, daß er seine Scheu ablegte und es wagte, Judy zu ficken. Er möchte diesen Anblick erneut genießen.

Anscheinend ist er ein Voyeur, dachte ich, doch es sollte nicht meine Sorge sein. Sogar Judy kann eventuell davon profitieren. So ließ ich mich nicht lange bitten, sondern steckte meinen Schwanz in Judys wartende Fotze und fickte sie mit Genuß. Da es Marc auch vorhin nicht gestört hatte, daß er seinen Schwanz in meinen Samen stecken mußte, hielt ich mich auch diesmal nicht zurück und spritzte Judys Fotze voll. Kaum war ich fertig, kletterte Marc über Judy und fickte sie aus Leibeskräften.

Die nachfolgende Wochen verliefen sehr genußvoll. Zwar fickten Judy und Marc auch zu zweit, wenn ich nicht dabei war, doch wenn sie die Lust in meinem Beisein übermannte, bat mich Marc immer, Judy zuerst zu ficken. Auch Judy erzählte mir, daß Marc es genießt, wenn sie vor seinen Augen gevögelt würde, und das Gefühl, daß ein anderer Mann sie vollgespritzt hatte, steigerte seine Erregung.

Mich hat diese Tatsache nicht gestört, ganz im Gegenteil. Sie bedeutete doch, daß ich Judy jederzeit ficken kann, auch dann, wenn sie bereits verheiratet als Mann und Frau zusammenleben würden. Denn Marc äußerte, daß er Judy über alles liebt und daß er sie heiraten will. Auch Judy war bis über beide Ohren in ihn verliebt, so daß es für mich eine Freude war, meine Einwilligung zu geben. Ich tat es um so lieber, da ich wußte, daß ich meine Tochter – und die Möglichkeit sie zu ficken – durch diese Heirat nicht verlieren würde.

Inzwischen habe ich auch Marcs Mutter kennengelernt. Sie ist eine nette, ich könnte sagen, hübsche Blondine und einige Jahre jünger als ich. Sie hat eine hübsche, vollschlanke Figur, die ich sehr reizvoll fand. Wir haben vereinbart, daß wir ihr vorerst nicht verraten, daß wir über ihr Verhältnis mit ihrem Sohn wußten. Übrigens: Judy ließ Marc wissen, daß, solange er ihr Verhältnis zu mir nicht behindert, auch sie nichts dagegen hat, wenn er ab und zu auch seine Mutter glücklich machen will. Marc äußerte sich in dieser Richtung nicht, aber ich war mir sicher (und ich glaube, Judy auch), daß er von dieser Erlaubnis auch Gebrauch gemacht hat.

Die Hochzeit fand in unserem Heim statt. Es waren nur wenige Leute eingeladen, und nach dem Abendessen, das in einem Restaurant stattfand, kehrten wir vier, also das neue Ehepaar, Marcs Mutter und ich, in unser Haus zurück, um bei einer Flasche Sekt ein wenig nachzufeiern. Ich versprach Liz (so hieß Marcs Mutter), sie anschließend mit dem Auto nach Hause zu fahren.

Zu später Stunde verabschiedete sich dann das frisch vermählte Paar und verschwand in Judys ehemaliges Zimmer, wo die Hochzeitsnacht stattfinden sollte. Ich blieb mit Liz noch sitzen. Sie hatte Tränen in den Augen. Da sagte ich ihr, sie soll nicht weinen; sie soll glücklich sein, denn unsere Kinder sind auch glücklich. Dann sagte ich: »Liz, ich will dir ein Geheimnis verraten. Bitte, bleib ganz ruhig. Ich weiß, und auch Judy weiß es, daß du ein Verhältnis mit deinem Sohn hattest.«

Liz schlug die Hände vors Gesicht, und ich sah, daß sie bis zum Hals errötete.

»Du mußt dich dessen nicht schämen«, fuhr ich fort. »Wir, Judy und ich, finden nichts, was daran auszusetzen wäre. Und Judy geht sogar so weit, daß sie Marc erlaubt, falls ihr beide, das heißt du und Marc, Lust auf einander bekommt, ihr das auch in Zukunft tun dürft. Findest du das nicht großzügig?«

Liz antwortete nicht.

Da fuhr ich fort: »Ich will dir aber auch ein anderes Geheimnis verraten. Damit du siehst, daß du keinen Anlaß hast, dich zu schämen, gestehe ich, daß auch ich ein Verhältnis mit meiner Tochter habe. Und Marc erlaubt mir ebenfalls, es mit ihr auch weiterhin zu treiben. Es ist doch nichts dabei, wenn es keinem weh tut, sondern allen Freude macht.«

Da sie immer noch ihr Gesicht mit ihren Händen bedeckt hielt, ergriff ich ihre Hände und zog sie von ihrem Gesicht weg.

»Schau mich an, Liz. Wir sollen uns hier nicht an veralteten Moralregeln orientieren. Schau mir in die Augen. Sieh, ich lächle. Lächle du auch. Die beiden sind jetzt glücklich. Sie ficken jetzt, und es gibt nichts Schöneres auf der Welt als das Ficken. Egal, ob die Mutter mit dem Sohn, der Vater mit der Tochter oder eben der Ehemann mit seiner Frau. Wir sollten diese schöne Möglichkeit, die uns das Leben schenkt, nicht verachten. Und jetzt komm mit mir!« Ich half ihr, vom Stuhl aufzustehen. »Wir gehen jetzt auf Zehenspitzen zu dieser Tür da. Ich habe sie so präpariert, daß man sie öffnen kann, ohne die Klinke herunterdrücken zu müssen. Wir öffnen nun die Tür einen Spalt und werden zuschauen, wie schön es ist, wenn zwei junge, verliebte Menschen miteinander die Freuden der Liebe genießen.«

Sanft schubste ich sie zur Tür. Ich brauchte nur einen leichten Druck auszuüben, und sie öffnete sich so weit, daß wir einen Blick auf das Bett werfen konnten, auf dem die beiden beim Ficken waren. Sie hatten das Licht brennen lassen, weil sie von meinem Vorhaben wußten.

Liz stand direkt vor der Türspalte, ich hinter ihr. Sie starrte auf das fickende Paar. Ich umfaßte sie mit beiden Händen von hinten, und meine Hände griffen nach ihren Titten. Sie wehrte sich nicht.

Ich drückte mich an sie, und sie mußte spüren, wie mein harter Schwanz gegen ihren Arsch gepreßt wurde. Sie entzog sich mir nicht. Da ließ ich ihre Titten los. Ich hob hinten ihren Rock hoch und schob ihren dünnen Schlüpfer nach unten. Meine Hände spielten mit ihren nackten Arschbacken. Sie waren fest, trotzdem angenehm weich, und sie entzog sich auch diesem Angriff nicht. Da öffnete ich meine Hose und holte meinen pochenden Schwanz heraus. Ich zwang Liz, sich ein wenig zu bücken, führte meine Schwanzspitze zwischen ihre Schenkel, und mit meiner Hand suchte ich den Eingang zu ihrer Fotze. Ich teilte ihre Schamlippen, die feucht und heiß waren, und schob meinen Pimmel langsam in ihre Scheide. Ich begann, sie in dieser halb gebückten Haltung zu ficken, und zu meiner Freude drückte sie mir ihren Arsch entgegen, um meine Stöße besser zu fühlen.

Während wir dem fickenden jungen Paar zuschauten, erlebte Liz zwei enorme Orgasmen. Sie preßte ihre Hand vor ihren Mund, um nicht gehört zu werden. Bald schoß auch ich meine Ladung genußvoll in ihr gieriges Loch. Dann zog ich sie von der Tür weg, führte sie zu meinem Schlafzimmer, wo wir dann die Nacht durchfickten.

Wir leben jetzt zusammen. Judy ist mit Marc sehr glücklich. Sie erzählte mir, daß Marc ihr manchmal erlaubt, sich von anderen Männern ficken zu lassen, allerdings nur in seinem Beisein, weil ihn das sehr erregt und er danach viel genußvoller ficken kann.

Oft ficke ich Judy, mal vor Marcs Augen, mal alleine, und Marc leistet auch seiner Mutter Liebesdienste. Besonders gerne tut er das, wenn ich erst Liz vor seinen Augen ficke. Manchmal, selten zwar, aber es kommt vor, ficken wir zu viert, und mittendrin wechseln wir die Partner. Wir sind also heute eine sehr glückliche Familie.

Epilog

Manchmal beneide ich meine Patienten, die im Endeffekt keine Patienten sind, denn sie sind nicht wirklich krank. Mr. Morgan ist zum Beispiel einer, der viel Glück im Leben hat. Erstens hatte er eine wunderbare Ehefrau, die in jeder Hinsicht, auch im Sexuellen, eine ausgezeichnete Partnerin war. Zwar hat er diese Gefährtin verloren, doch sie schenkte ihm eine Tochter, die das Ebenbild der Mutter war: schön, intelligent und mit Emotionen reichlich gesegnet. Also eine ideale Sexpartnerin, wobei ich gestehen muß, daß mich die Tatsache, daß sie die leibliche Tochter des Mr. Morgan ist, nicht im Geringsten stört. Sie war – wie sie selbst es mehrmals betonte – eine Frau, und ihr Vater ein Mann. In der Natur geschieht immer wieder dasselbe; um es klar auszudrücken: Gefickt wird, wenn ein zeugungsfähiges Männchen in die Nähe eines paarungswilligen Weibchens gerät. Es geschieht auf der Hühnerfarm genauso wie in der freien Wildbahn. Der Hahn besteigt diejenige Henne, die eben in seiner Nähe ist, und vice versa, die Henne duckt sich demjenigen Hahn, der sie besteigt. Auf verwandtschaftliche Belange wird dabei kein Wert gelegt.

Im Falle der Menschen ist es nicht anders. Man verliebt sich nicht in eine nicht existente Person, man begehrt nicht eine Frau, die nur in der Phantasie des

Mannes existiert. Erst die körperliche Nähe eines potentiellen Partners setzt den Drang der Paarung in Gang; kann es näher sein als im Falle unserer Helden?

Ein besonderes Glück für Mr. Morgan war die Neigung des Schwiegersohnes, und die Krone auf das Ganze setzte die Tatsache auf, daß auch dessen Mutter ein geeignetes Objekt war. Soviel Glück, könnte man sagen, kann nur in einem Roman vorkommen. Doch, wie unser Fall beweist, schreibt das Leben manchmal bessere Romane als die Schriftsteller.

ENDE

NICHT
verzichten

müssen Sie auf die bisher erschienenen Titel. Fragen Sie dort nach, wo Sie diesen Roman gekauft haben. Gern nennen wir Ihnen auch eine Bezugsquelle – ganz in Ihrer Nähe. Schreiben Sie uns.

»Der erotische Roman« erscheint zweimonatlich mit zwei Ausgaben, die Sie sich nicht entgehen lassen sollten.

Edition Combes
im Verlag Frank de la Porte · Frankenstraße 17 · D-96328 Küps
Telefon 0 92 64 - 97 66 · Fax 0 92 64 - 97 76